アメリカ映画に明日はあるか

大高宏雄

ハモニカブックス

まえがき

アメリカ映画は、どこへ行くのだろうか。いま、始まった思いではない。随分、前からの思いだ。映画館でアメリカ映画を観る日本の観客は確実に減っている。実感とデータ双方が物語る。ヒット作品が激減したコロナ禍のはるか前から、そうなってきた。いったい、何が起こっているのか。起こってきたのか。

一番大きな理由として挙げたいのが、アメリカ映画は飽きられてきたのではないかということだ。本国はともかく、少なくとも日本においては、そう感じられてならない。スターが、なかなか生まれないことも大きい。かつてのアメリカ映画はスターへの依存度が強かった。日本映画には見向きもしない女性の観客が多かった。そのような傾向が一変した。

タイトルは、「アメリカ映画に明日はあるか」とした。いささか過激に見えるかもしれない。「そもそも、アメリカ映画以前に、日本映画はどうなんだ」という声が聞こえてきそうだ。こう答える。「そのとおり、日本映画にも同じ言い回しが当てはまる」。ただ、その中身、意味はまるで違う。

今回はアメリカ映画だ。アメリカ映画を日本の映画館で観て、興行状況なども確認し、数々の変化のさまなども織り込んだ。一個人における「日本発」のアメリカ映画をめぐる一つの「試論」である。そこから、タイトルが生まれた。

映画雑誌「キネマ旬報」（月二回発行）で連載中の「ファイト・シネクラブ」から、アメリカ映画に関連した文章を選んだ。その期間は、二〇〇〇年から二〇二二年までの二三年に及ぶ。長い歳月だ。そのときどき、リアルタイムの思いで書いた。後付けではない。だからこそ、見えてくるものがある。

本著の言い方に触れる。米国発の映画という言い方を指すとき、アメリカ映画、米映画、ハリウッド映画、ハリウッドなど、様々な言葉を用いている。他意はない。連載時と同じ記載にした。

言い回し、省略、ちょっとした追加など、大きな訂正はないものの、連載時の文章に少し手を入れたこともご容赦願いたい。

小難しい本ではない。かといって、軽くはないと思う。肩肘張らず気楽に読んでいただき、いま以上に「映画」への関心が膨らんでくれればありがたい。

目次

プロローグ
去りゆくハリウッド映画と日米の文化断層 16

2000年
トム・クルーズ万歳⁉ 30

2001年
思考回路麻痺映画を御覧あれ 36
「A.I.」がたどった一週間 39
どうなった！「パール・ハーバー」 42
ハリウッドにおけるテロルの回路 45
〝ハリウッドとテロ〟で締める〇一年 48

2002年
映画の醍醐味とテロ後一年　54

2003年
アメリカ映画は変わるのか　60
日本語吹替版が増える怪　63
「マトリックス」完結作への道　66

2004年
イーストウッドの衝撃、わが日本へ　72

2005年
米映画の停滞ぶりを見る　78

2006年
どこへ行くのか、スピルバーグ 84
ダ・ヴィンチ・ストーリー 87
米国映画の崩壊が始まったのか 90
米国映画の崩壊が始まったのか（続） 93

2007年
後味の悪い第79回アカデミー賞 98

2008年
アカデミー賞が地味なのは？ 104
彼岸の人アントン・シガー 107

2009年
どうなるのか、3D映画元年 112
マイケル映画、日本を制す 115

2010年
上半期、最大トピックは3D映画 120

2011年
洋画はいったいどこへ行くのか 126
メル・ギブソンがやってくれた 129
スピルバーグの〝冒険〟に酔う 132

2012年
「J・エドガー」と映画の崩壊 138
映画をまっとうに観るつまらなさ 141

2013年
ハリウッドよ、いい加減にしろ 146

2014年
スコセッシ、奇跡の道程を往く 152
君はどの映画バージョンを選ぶのか 155
「アナと雪」現象の実相とは 158

2015年
「マッドマックス」、われ興奮せず 164

2016年
米映画に何が起こっているのか 170
洋画観る人、オタクの時代なのか 173

2017年
「フェンス」、この差別の凄まじさよ　178
時代を向いた洋画の質的充実　181
2018年
「スリー・ビルボード」を読む　186
「オーシャンズ8」とジェンダー　189
2019年
「ROMA／ローマ」からの道　194
「エンドゲーム」が鳴らす警鐘　197
アーサーとデ・ニーロの対決　200
「アイリッシュマン」を観る　203

2020年
賛否もろとも、さらばランボー 208
ネトフリ作品、どう観るか 211

2021年
「ラーヤと龍の王国」問題発生 216
映画と配信、洋画次なる段階 219

2022年
〝映画情報〟をいかに遮断するか 224
観る状況の違いと映画館鑑賞 227
長い！「THE BATMAN」 230
「トップガン マーヴェリック」の高揚感 233
「アバター」続編が大番狂わせ 236

さくいん 241
あとがき 242

資料提供＝映連

プロローグ

日本人はハリウッド映画を
見なくなったのか

去りゆくハリウッド映画と日米の文化断層

2008年

年末になると、その年に公開された映画の作品別の興行収入（興収）を調べている。公開中の作品もあるので、あくまで推定の数字であり、正式には翌年の一月末に、日本映画製作者連盟（映連）が大々的に各マスコミ相手に発表する。だからこれは、あくまで私が二〇〇八年の年末に調べた推定になるのだが、その作品別興収の上位十本を見て、改めて驚かされた。ちょっと、その作品を並べてみよう。

一位「崖の上のポニョ」（一五四億円）、二位「花より男子ファイナル」（七七億五千万円）、三位「インディ・ジョーンズ　クリスタル・スカルの王国」（五七億一千万円）、四位「容疑者Xの献身」（五〇億円）、五位「レッドクリフ　Part1」（四九億円）、六位「劇場版ポケッ

トモンスター　ダイヤモンド&パール　ギラティナと氷空の花束シェイミ」（四八億円）、七位「相棒〜劇場版〜」（四四億四千万円）、八位「アイ・アム・レジェンド」（四三億円）、九位「ザ・マジックアワー」（三九億二千万円）。一〇位「20世紀少年」（三九億円）。

邦画七本に対して、洋画三本。洋画の一本は中国、台湾、日本などの合作映画であり、米映画は二本に過ぎない。これを見れば、洋画（米映画）の不振ぶりは明白であろう。ちなみに〇七年は、「パイレーツ・オブ・カリビアン　ワールド・エンド」（一〇九億円）と、「ハリー・ポッターと不死鳥の騎士団」（九四億円）が一位、二位を占めた。さらに四位は、「スパイダーマン3」（七一億二千万円）で、まさに米映画人気シリーズ揃い踏みといった感じだった。この成績を見ると、〇八年の不振ぶりが、一段と手にとるようにわかる。

こういう意見もあろう。〇八年の不振ぶりは一過性のことであり、〇九年はまた、〇七年の成績に戻るだろうと。それは、そうかもしれない。映画の興行とは、まさに水ものであり、何がどうなるか、なかなか見当がつくことはないからだ。ただ私は、そうした楽観姿勢はとらない。大ヒット作が揃った〇七年こそ、例外的だったと考えた方がいいのであって、実は先に挙げた三本はともかくとして、全体の洋画の成績は〇七年でも、微妙な推移を果たしている。

それは、大ヒット作品の陰で、一〇億円から二〇億円台といった作品の数が、かなり減

★★★ 2007年　洋画&邦画 興行収入ベスト10 ★★★

順位	作品名	配給会社
1	パイレーツ・オブ・カリビアン ワールド・エンド	WDS
2	ハリーポッターと不死鳥の騎士団	WB
3	HERO	東宝
4	スパイダーマン　3	SPE
5	硫黄島からの手紙	WB
6	劇場版ポケットモンスター ダイヤモンド&パール ディアルガ vs パルキア vs ダークライ	東宝
7	ALWAYS　続・三丁目の夕日	東宝
8	西遊記	東宝
9	武士の一分	松竹
10	トランスフォーマー	UIP

★★★ 2008年　洋画&邦画 興行収入ベスト10 ★★★

順位	作品名	配給会社
1	崖の上のポニョ	東宝
2	花より男子ファイナル	東宝
3	インディ・ジョーンズ クリスタル・スカルの王国	パラマウント
4	レッドクリフ Part1	東宝東和 / エイベックス
5	容疑者Xの献身	東宝
6	劇場版ポケットモンスター ダイヤモンド&パール ギラティナと 氷空の花束 シェイミ	東宝
7	相棒 劇場版 絶体絶命！ 42.195km 東京ビッグシティマラソン	東映
8	アイ・アム・レジェンド	WB
9	20世紀少年　第1部	東宝
10	ザ・マジックアワー	東宝

少していたことからうかがえる。〇七年は、一〇億円～二〇億円台の作品が邦画の二一本に対し、洋画は一三本。映画の興行は、その一〇億円から二〇億円台の作品が、極めて重要だと言える。いわば〇七年のような洋画の大ヒット作は、いつの時代にも年に数本程度登場してくる可能性が高い。しかし、真に興行のバロメーターとなるのは、そうした作品群ではなく、一〇億円～二〇億円台の中クラスのヒット作だと言っていい。このクラスは、比較的映画に関心を示す観客が興行を下支えていることが多い。そこが弱くなっている洋画は、総体として関心が稀薄になっていると言える。

〇八年は、その一〇億円～二〇億円台の作品が、邦画は一九本、洋画は一八本となっている（推定）。一見、拮抗したように見えるが、〇八年は三〇億円を超えなくてはならない作品が、一気に何本もこのクラスに落ちついたことが大きい。だからこれは、洋画への関心が膨らんだ結果ではない。まさに微妙な推移なのだが、ここから浮かんでくるのは、明らかな洋画の不振ぶりなのである。

映画に対する観客の意識の変容

いったい、いつごろから、こうした傾向が出てきたのだろうか。そうした疑問で、いつも私の脳裏に浮かぶのは、今から一一年前の一九九七年、その年の七月一二日から、「もののけ姫」と「ロスト・ワールド／ジュラシック・パーク２」が、同時に公開されたときのことだ。今では想像もできないが、当時は「ロスト〜」の方に、多大な期待感があった。それは、当然だった。九三年に公開された「ジュラシック・パーク」（一四〇億円）は、映像革命を果たしたと言われるほどインパクトが強く、スティーヴン・スピルバーグ監督作品としては、今も興収の二位に位置している。その続編でスピルバーグがメガホンをとるのだから、半端な期待感ではなかった。

結果をまず書いておけば、「もののけ姫」は一九三億円、「ロスト〜」は九七億円の興収だった。どちらも凄い成績だが、この差には、数字以上に大きなものがあるというのが、私が当時考えたことだった。では何故、これほどの差ができてしまったのかといえば、その時期を契機に、映画に対する観客の意識が、大きく変わっていったからという以外ない。「もののけ姫」に関しては、何故あそこまで大ヒットしたのか、今もよくわからない面が多い。ただ私にすれば、そのわからなさこそが、極めて重要だったと考える。

わからなさとは、難解だという意味ではない。難解なら、拒否の感情が渦巻き、いとも簡単に人々は引いてしまっただろう。わからなさを振りまきながら、人々の琴線に触れる何かが、そこには切実に描かれていたから、あそこまで観客の支持を受けたのではなかったか。このわからなさは、人々の心の奥にある不確かなものをあぶり出す役割も果たしたたようにみえる。

おそらく大多数の観客は、わからなさに新鮮さを覚えたのだろう。何故、こんなにわからないんだ。普通なら、ここで判断停止となる。しかし、このわからなさは、不快ではない。頭で考えるから、わからないのだが、実は身体そのものは理解していたのではないか。いや、感じていたのではないか。確信があるわけではないが、そうした微妙な映画への接し方を生起させたのが「もののけ姫」だったと考えると、想像を絶した興行の秘密の一端が、垣間見えてくる気がする。

これを逆に言えば、「ロスト～」はわかりやすいことが、ヒットのボリュームを下げた理由でもあろう。わかりやすさとは、映画のヒットを築く上では、実に重要である。しかし、その反対の事態が起きたようだった。これはわかりやすさが、人々の心の表層を漂い、面白さと相反する要素になってしまったからではないか。「ジュラシック・パーク」なら、とてつもない映像革命が、新しさにならなら何にでも飛び付く人々の気持ちに火をつけた。しかし、その続編となると、ある種の形骸化した映画のエッセンスしか残っていず、人々にそれをあっさりと見透かされたのだった。

一一年前にみられた両作品の実に対照的な興行が、その後の邦画への注目を高めていく一つのきっかけであったとともに、洋画への関心の低下に結びついていく大きな契機であったと考える。わかりにくさは、「もののけ姫」に限定的であったとしても、邦画が得意とする情緒性に結びついた。洋画はわかりやすさを基盤にしながらも、マンネリ化した娯楽作しか提供できないケースが増えていった。

邦画に関しては、一応おくとして、洋画のわかりやすさは、それ以降顕著になるジャンルの平板化を予兆していたと思う。ジャンルの平板化とは、米映画が得意とするSFXもの、パニック、アクションなどのジャンルで、意外性のないドラマ展開、CG映像に依存した描写などに表れていた。そのなかで、もっとも指摘すべきは、CGという一見、新しさを持っていた革新的な映像技術だろう。

ここでもう一回、「ジュラシック～」から「ロスト～」への流れをたどっておくなら、圧倒的なCG技術の進化が、とてつもない映像表現に結びつき、それこそがその後の米映画の停滞を引き寄せたというふうに考えられる。その芽はすでに、次回作の「ロスト～」に出ていたというのが私の考えなのだが、そうだとしたら、スピルバーグという米映画の偉大な革命家のとてつもなさに、改めて思いが至る。

つまり、スピルバーグは、七〇年代から九〇年代にかけて、米映画の立役者であり続け、数々のヒット作品を送り出してきた。彼の作品群によって、ハリウッドは生きながらえたとさえ言っていい。その功積については、この稿で深く触れるわけにはいかないが、とにかく、この三〇年にわたってハリウッドの歴史を作ってきたことは間違いない。

いま冷静に考えれば、「ジュラシック〜」とは、ハリウッドの歴史の分岐点にあった作品のようにみえる。常に高い娯楽性を追求してきたスピルバーグが、CG映像の粋を集めたような作品に到達したのが、その極北とも言える「ジュラシック〜」であり、その時点では多大な衝撃を与えもしたが、しかし、その後のハリウッドの推移を見ていくと、まさにその「ジュラシック〜」の呪縛に遭っているかのような印象さえ受けてしまう。「ジュラシック〜」から四年後に公開された自身監督の「ロスト〜」の興行は、衝撃を形骸化に転移させるのに十分だった。CG映像は、その初期こそ人々に衝撃や驚きを与えもしたのだが、メッキが剥げるのも、実に早かった。CG映像は、米映画から、心を揺り動かしていくようなドラマ、ハラハラドキドキの描写力を奪っていった。そのCG映像の功罪を一手に握っていたのが、スピルバーグではなかったか。スピルバーグのとてつもなさとは実に、自身で支えてきたハリウッド映画に、自身で引導を渡したことではなかったか。

CG映像が、米映画不振の諸悪の根源というわけではないが、その大きな一つと言わざるをえない。CG映像が、人々から映画への衝撃、感動を奪っていった。それは、前述したジャンルの平板化を促し、人々の関心を弱めていったのだ。その弊害が、もっとも強く出たのが、日本の映画市場のような気がする。日本人は、実にデリケートな精神を持つところに国民性の大きな特徴がある。それは映画を観る上でも大きく反映されてきた。世界で一番、映画の好みが厳しいとも言われる由縁で、だからこそ、米映画の推移に、敏感極まりない反応を示してきたのだろう。

日本人の心のありようの変化

〝ショービズ〟というテレビ番組がある。米映画の興行ランキングを、作品の内容と合わせて紹介していく番組で、もう随分長きにわたって放送されている。米映画の新作の映像がいち早く紹介されるというので、よく見ていたのだが、ここ一、二年、様子が変わってきた。見ていて、少しも面白くなくなってしまったのである。

作品のジャンルが、マンネリ化していることもあろう。CGアニメ、コメディ、アクションの類いが多く、はっきり言って、作品そのものがつまらなくなったのである。かつては、この番組は、米映画の新作の一部分が見られるというので、実にスリリングな内容だったと記憶する。つまり、ワクワク感が大きくあり、その都度、米映画の真髄に触れる楽しみがあった。それが、様変わりした。

これが、何を意味しているかと言えば、米映画の質的低下というより、ジャンルそのものへの関心が薄くなったということであろう。大方、動物が主人公のCGアニメ、米国人しかわからないと思われるコメディ、CG映像満載のアクション。これらの作品を見ても、全くと言っていいほど、心を揺すぶられなくなってしまったのである。

これは、一つの象徴的な出来事だと言っていい。かつて、日本人が抱いてきた米映画への絶対的な憧れの感情が、そこからは見事に消え去っているからだ。米映画と憧れと言えば、経済的な面が大きかった。かつて、経済的に後れをとっていた日本人からすれば、米映画で描かれる様々な米国の生活が、素晴らしいものに見えたのは、当然のことであろう。それは、映画を観に行く大いなる原動力になった。

しかし、経済的な側面から米映画を観なくなった日本人からすれば、憧れの感情は消え去らざるをえない。それが消えた後、日本人の心のありようは、いったい米映画のどこに向っていくのか。ここで、スターという存在も、忘れてはならないだろう。憧れはまた、ハリウッドのスターにも注がれていたからだが、そのありようも変わってきたのだから、米映画＝ハリウッド映画、まさに危うし、となった。

その危うい由縁は、若い世代でハリウッドの映画スターの名前自体を知らない人が多くなっている現状を指摘しておけば、それで足りるだろう。スターが目当てで、米映画を観にいくことが、もちろん例外はあるにしても、すでに過去の産物になってしまった。誤解を恐れずに言ってしまえば、今やハリウッドスターより、吉本興業のお笑い芸人の方が人気がある。もちろんこれは、冗談ではない。

整理が必要かもしれない。日本人の意識の変化と米映画＝ハリウッド映画の推移。これが、微妙に絡み合いながら、日本人における米映画離れを促進した。もちろん、例外的な大ヒットとして、〇七年に挙げたような作品がないことはない。しかし、そうした大ヒットこそが例外的に見えてしまうほど、底の浅い興行しか展開できなくなったのが、今の米映画と言っていいのではないかと思う。

日米双方の断絶の深さ

ところで昨年、ある新聞記事に、ちょっと目を見張った。（〇八年）一一月二十日付の読売新聞朝刊。書き手は、元エール大学准教授のマイケル・オースリンという方であった。少し長くなるが、重要な指摘もあるので、その要点を書き連ねてみる。

日米は、二〇〇年にわたり、文化交流を続けてきた。映画、生け花、仏教、儒教といったジャンルが、その中心だ。黒澤明監督は、ジョージ・ルーカス監督らに影響を与えるなどした。日本文化は、日米関係において、実に重要な役割を果たしてきた。それが今日、日米関係は劇的に変わった。米国民は、日本文化を真剣に見つめなくなった。代わりに、日本のアニメやポップカルチャーが人気になった。

これらが、日本を見つめ直すレンズとなった。米国の若者は、黒澤映画の代わりに、アニメを観るようになった。多くの米国人は、日本を異国情緒に満ちた子供向け文化の発信地と見ている。米国での日本に関する焦点が、ポップカルチャーになったことは、米国人が日本の社会、政治といった真面目な事項について話さなくなったことを意味する。ポケモンに関心が集まれば集まるほど、東アジアで安定した民主国であることが忘れられる。

この記事は、ちょっと極端なところがある。アニメやポップカルチャーに対する根強い偏見と文化の一元化が、かなりズレているのだ。文化とは、一つの枠に押し込めるべきではない。その多様性こそを評価、享受していくべきなのが当然だろう。文化に、上も下もない。この記事は文化を表面的にしか把握しておらず、かなり強引な解釈だと言わざるをえない。何が、「東アジアで安定した民主国」だ。高飛車な物言いは、いい加減にしてほしい。

ただ、そうした面はともかくとして、私はある真実もそこにある気がしたのだった。米国が、日本の社会・政治を見放し始めたというのは、当たっているのではないか。アニメ、ポップカルチャーといった云々を超えて、そこには米国人の一つの見方が、明らかに表れている気がした。

日本と米国。今挙げた記事を読んで感じたのは、米映画が、日本で不人気となっている現状と、実にパラレルだなということだった。さきの元大学准教授の見方と、私が論じてきたことをつなぎ合わせれば、そこから浮かび上がってくるのは、日米双方の断絶の凄まじい姿だろう。この言いしれぬ断絶の底深さに、ちょっと私は寒気を覚えたのだった。

（初出『熱風』２００９年1月号掲載に加筆）

2000年

平成12年

トム・クルーズ万歳!?

2000年9月下旬

「最高に良かったよ。もう一回必ず観ます。三、四人に声をかけて、一緒に行きますよ。つまらないって言ったら、絶交。ビデオだって、出たら三本ぐらい買っちゃうんだから」。三〇代の女性が、会った瞬間、もうたまんないっていう感じで私に声を発した。ふだん聞いたことがないような弾んだ声。体だって踊っているような雰囲気だ。

「あ、そう。良かったね。フーン……」と言いながら、実は私は内心の動揺を禁じえることができなかったのである。

「M：i―2」という作品が、これほどまでに女性の気持ちを捉えているとは知らなかった。私が観たのは、六月六日、主演のトム・クルーズが舞台あいさつも行った国際フォーラムでのマスコミ披露試写会だった。

「こりゃ、ひでえな。何がジョン・ウーだ。トム・クルーズの御用監督に成り果てただけじゃないか」。

「M:i―2」は、トム・クルーズを〝見せる〟だけの映画じゃないかというのがそのときの第一印象だった。彼を引き立たせるためか、いささか精彩の欠けるヒロインをもってくる。そしてあろうことか、薄味極まる二人の関係性しかないのに、最後はヒロインのためトム・クルーズが唐突に命をかける。

悪役だって、何か情けない。ラストのバイクシーンでは何とか格好をつけたものの、悪役の〝存在感〟には全く欠けている。時として映画は、悪役の方が主役を食ってしまう場合があるのだが、そんなことは「M:i―2」では許してなるものか。すべて、トム・クルーズを引き立たせるのが目的なのである。

むろんのこと、彼本人は、とことん格好いい。〝マーケティングされた〟トム・クルーズとでも言ったらいいか。笑顔から体形、そしてアクションまで、あの往年の「トップガン」での格好良さを、一四年後の時点で見事に〝成熟化〟させた印象さえある。ここには、「マグノリア」で演じたマッチョマンの薄汚なさは影も形もない。

しかし、こうした、かなりわかりやすい格好良さが、世の汚濁にまみれた（?）私には、どうにもしっくりこない。え、いいの、そんな金太郎飴みたいなので。健康的すぎるぜ。

女性とのカラミも、ちょっと淡白すぎるな。しかし私にとっての、そうした負の印象が、女性たちにしたらすべてプラスの要素に転化されるわけだ。

つまり冒頭での女性の発言は、どうやらほとんどが、トム・クルーズの格好良さから生まれていたようだった。おそらく彼女は映画の鑑賞中、彼の姿態やアクションのみを注視していたのではないか。もちろん、映画の全体性から彼を捉えているのだが、そのバランスはトム・クルーズその人の前では、大きく崩れていたのではないかと想像できる。

「M：i—2」は、まぎれもないスター映画としてこの夏大ヒットしたのだ。適切な比較かどうかはわからないが、石原裕次郎や小林旭が活躍していた五〇～六〇年代の日本映画とちょっと似た感じがある。徹底したご都合主義で大方の評論家筋には叩かれたが、男女を問わず当時の〃一般大衆〃の絶大な支持を得た。「M：i—2」も、これと似た構図がある。

おそらく、映画の限りない面白さの一つが、こうした両義性であろう。〃インテリ〃と〃大衆〃の評価軸の違いを超えて、これは映画がはらみもつ底知れない魅力とでも言えようか。つけ加えておけば、冒頭の彼女がビデオ三本を購入したい理由は、一本目は一本目が擦り切れたときに必要で、三本目は自分が死んだときに〃ひつぎ〃に入れてもらうためらしい。冗談ではなく、素晴らしいと思う。

★★★★★ 2000年洋画興行収入ベスト10 ★★★★★

順位	作品名	興収（単位：億円）	配給会社
1	M：i－2	97.0	UIP
2	グリーンマイル	65.0	GAGA/HUMAX
3	パーフェクト・ストーム	36.0	WB
4	トイ・ストーリー2	34.5	BV
5	エンド・オブ・デイズ	31.4	GAGA/HUMAX
6	ターザン	28.0	BV
7	ジャンヌ・ダルク	22.0	SPE
8	スチュアート・リトル	20.0	SPE
9	007・ワールド・イズ・ノット・イナフ	19.9	UIP
10	ファイト・クラブ	19.8	FOX

シネコンの設立が急増、スクリーン数は増えたものの観客増につながらず、2000年の映画人口は1億2300万人程度と前年を約15%下回った。

資料＝映連（一般社団法人日本映画製作者連盟）

2001年

平成13年

思考回路麻痺映画を御覧あれ

2001年6月下旬

試写をあまり観ない私が、珍しく新作の試写にすっ飛んでいった。六月九日公開の「ハムナプトラ2／黄金のピラミッド」。これは、前作が嫌味のないエンターテインメントだったことと、このパート2がアメリカで大ヒットとなっていたことによる。

実に奇態な体験をした。思考回路麻痺《まひ》状態と言ったらいいか。要するに、映画を観ながら様々な想像力を膨らませていくふだんの自分が、そこにいなかった。俺は頭がバカになってしまったのだろうか。何も考えない。というより、考える必要がない。これが映画を観る姿勢として、正常なことなのだろうか。

ふつう映画とは、好悪の感情から主観的な分析まで、観る人の思考回路をいささかなりとも刺激するものだ。それがあってこそ映画だし、それが映画の楽しさ、魅力に結びついている。侃々諤々《かんかんがくがく》、ああでもない、こうでもない。監督論、俳優論。論までいかなくても、感じたり考えたりできるのが、映画の尽きぬ魅力であろう。

「ハムナプトラ2」では、それが消えた。当初は物語の道筋やら、各キャラクターの造型に対して、私の思考が巡っていた。それがいつの頃からか、ポッカリ抜け落ちていったではないか。そんなもの（物語他）、どうでもいいよ。さあ次はどう来る、どう出るＣＧさんよ、ミイラさんよってなもんである。

　試写を観終わった後、ＵＩＰ映画日本支社宣伝部長の三苫雅夫さんと話をした。「みんな、どっと疲れたらしいよ」。そしてさらに「〃子ども向きだな〃って言った映画評論家もいたね」。そうか、前者は従来どおりに筋を追ったりして「疲れ」、後者はかなり突き放して観ていたんだな。しかしどちらも、ちょっと違うぞ。

　確か「レイダース　失われた聖櫃《アーク》」が公開されたとき、見せ場の〃凝縮度〃から新しいエンターテインメントが登場したように報道されたと記憶している。しかし今、スピルバーグ印のエンターテインメントが、「ハムナプトラ2」の前ではかなり〃牧歌的〃に見えてくる。スピルバーグ印は、まだまだ映画のセオリーがあった。観る側の思考を、もちろんのこと刺激もした。

しかし、「ハムナプトラ2」にそれはない。思考回路が麻痺してしまうほど、次から次とCGによる見せ場が連続してくる作品。というより、それが果たして見せ場かどうかもわからないのだ。かつては、それに類した作品は大方否定の憂き目にあってきた。あれは映画じゃない、見せ物だよ、ゲームだよっていうやつ。

私もそれは否定しない。事実、〝そういう〟作品は多かったわけだし、それらの作品群が映画の楽しさをどれだけ削ってしまったことか。最近で言えば「エンド・オブ・デイズ」「M：i－2」「X－メン」。ハリウッドが、悪しき意味での見せ物性に乗っとられようとしているのが、これらの作品からは見えてきていた。

しかし「ハムナプトラ2」は、〝その先〟をはるかに行ってしまったことで、別様の映画にたどりついたと言うべきか。CGの万能性を信じ、恐るべきパワーで見せ物性の徹底化に拘ってみせたがために、私は冒頭のような事態に陥らざるをえなかったのだ。「ハムナプトラ2」は、これさえもが映画であることが凄いのである。この作品は、従来型の映画論をはじき飛ばすだろう。まずはこの、思考回路麻痺映画をとくと御覧あれ。付け加えるなら、タイトルロールの出し方も注目してほしい。不思議なことに、私はこのタイトルロールには思考回路が始動したのだ。

「A.I.」がたどった一週間

2001年8月上旬

「A.I.」の先行オールナイトが面白かった。六月二三日、新宿・歌舞伎町に午後五時三〇分ごろ赴いた私は、新宿ミラノ座の前にズラリ並んだ観客の姿を目撃した。いけるぞ、これは。約一三〇〇席を誇る日本屈指の大劇場であるミラノ座のことだから、座席がどれだけ埋まるかわからないが、これは間違いなく〝本物〟であるように見えた。

横を見れば、同じく「A.I.」を上映する新宿ジョイシネマにも列が相当できている。過去にも、ミラノ座と新宿ジョイシネマが同じ作品を上映したことがある。そのときはミラノ座で溢れた観客が新宿ジョイシネマに流れていく感じだったのが、今回は明らかに積極的に新宿ジョイシネマの方に列を作っている。

結果、ミラノ座の先行オールナイト第一回上映時が満席に少し欠ける約一一〇〇人の動員（午後六時五〇分開映）。四〇分遅れの新宿ジョイシネマの第一回上映時が約四〇〇人の動員だった。後で聞けば、午後九時以降の二回上映時にミラノ座は、一回目の動員をさらに上回ったという。もちろん新宿ジョイシネマも、二回目は満席だった。明らかに、その週に照準を合わせた配給会社の宣伝戦略の勝利だった。

こうした光景を見たり聞いたりした私は、八二年一二月四日にスタートした、あの「E.T.」の初日のことを思い出した。場所は同じくミラノ座だ。たぶん午前中に赴いたと思うのだが、毎回の立ち見は当然のこととして、その日のオールナイトがまた凄かった。何故か私はオールナイト時にもミラノ座にいたのだが、そのときでも延々立ち見状態が続いていたのである。

この業界に入って二〇年。いまだにオールナイトが立ち見になったその日の新宿ミラノ座を超える、映画館の光景を見たことがない。配収でなら、「タイタニック」や「もののけ姫」の方が上をいっているにもかかわらず（入場料金が違う）、私の実感でなら、「E.T.」がいまだに日本における興行成績ナンバーワンである。

一週間後。初日となった六月三〇日、再び午後二時ごろ新宿ミラノ座に赴いた私は、少し肩透しを食らうことになる。一日のうちで一番観客が入るいい時間帯であるにもかかわらず、ミラノ座は満杯になっていなかった。隣の新宿ジョイシネマは座席数が少ないせいもあり、満席に近い状態だったが、私はここで少し首をひねった。

明らかに「E.T.」の興行とは違う。何が一番違うかといえば、観客の熱気であろうか。「E.T.」時には途切れのない観客の列が続き、映画館の空席などできようはずもなかった。それを促していたものが、観客の映画に対する並々ならぬ期待感と熱気だった。映画館を出てきた観客たちの興奮ぶりが、また見ものだったと記憶している。

ところで私は「A.I.」のマスコミ試写を観た後、かつてワーナー映画日本支社の名物宣伝部長として名を馳せた佐藤正二さんと一時間ほど話をした。「A.I.」論を二人でひとくさりやった後、佐藤さんはスピルバーグ監督が黒澤明監督と会食をした際、黒澤監督の「夢」の企画を聞いて、すぐその場で映画化の協力をすると約束したことを話してくれた。

なるほど、そうか。ひょっとして「A.I.」とは、黒澤監督の「夢」のような位置にあった企画ではなかったのか。様々な理由から、スピルバーグが監督の〝協力〟をしたに過ぎなかった作品ではなかったのか。つまるところ「A.I.」はキューブリック監督への壮大なオマージュとしての意味が一番大きい気がしてきた。「E.T.」と比較する方が、どだいおかしい。観客はよく知っているというべきだろう。

どうなった！「パール・ハーバー」

2001年8月下旬

「『パール・ハーバー』における日本は、恋愛ドラマを盛り上げるためだけの、〝悪役〟に過ぎません」「『パール・ハーバー』が描き切れていないのは日本人のみならず、人間そのものだと思います」

『文藝春秋』七月号に載った漫画家かわぐちかいじの以上の言説は、良心的な「パール・ハーバー」批判として代表的なものだろう。彼は「主人公たちがドラマの中で少しも〝成長〟していかない」と言い、「（そうした傾向は）最近のハリウッド映画全般に見られる」と続けた。

「『反日映画』だと例によってバカな保守主義者が騒ぎ立てている。でもこれは確信犯的にやっているのだ。わざと無知をよそおい、公開前の騒ぎを誘っているのだ」「もし本当に『反日映画』『国辱映画』と言うならば、その人たちが立派な『愛国映画』を作ってみせたらいい」

『ダ・カーポ』七月一八日号に載った一水会の鈴木邦男の以上の言説は、挑発的な「パール・ハーバー」擁護論として代表的なものだろう。彼は「戦争前にアメリカは『風と共に去りぬ』や『ファンタジア』を作っていた」と言い、「(こんなすごい)映画を軽視した日本は敗戦を迎えた」と続けた。

「パール・ハーバー」を観た私の第一印象は、これはトム・クルーズとロック調の音楽が不在の「トップガン」だなということだった。恋愛ドラマ的部分はやけに陳腐だが、空中戦になるととたんに精彩を放つ。この二作品の〝精神〟は、明らかに製作者ジェリー・ブラッカイマーのものだろう。

だから、色香がほとばしる看護婦ばかりが登場する変なシーンも許せたし、日本海軍の例の屋外の変な作戦会議も難なく見過ごせた。ブラッカイマーだもの。「アルマゲドン」だもの。そもそも、〝歴史〟を描こうなんて意思はない。問題作として論ずる方がおかしいと推察する。

映画というのは本当に不思議というか、いま挙げた三者三様の意見は、どれも当たっているのだ。ただどの言説にも、そこからこぼれ落ちていく映画の「真実」がある。私が「パール・ハーバー」で一番気になったのは、実はその「真実」そのものにあった。

たとえば私が、「トップガン」だ、ブラッカイマーだと言ったって、この作品が歴史上の真珠湾攻撃を描いたという事実の重みは否定しようもない。空中戦の快楽性をもち上げることで、それを簡単に捨象していいのかという一方の声が私に響く。

鈴木邦男の言説も、これは作品論というより、作品のパワー論だろう。グダグダ言う前に、日本人自身で行動してみろ。奴らの戦略に乗るなということなのだが、そこからは作品を貫いている底抜けの幼児性が指摘できていない。要するに、ここには作品論が抜け落ちているのだ。

冒頭のかわぐちかいじの言説は一見正論に見えるが、あまりにまっとう過ぎて作品がもっているいかがわしさに触れることがない。「〝成長〟していかない」のではない。本作には、〝成長〟という概念などハナからない。まっとうな人生論とは別の映画もあるのだ。

パワーや快楽性を言挙げすると真面目さが浮上し、真面目さに拘泥するといかがわしさがこぼれ落ちる。それはすべて、真珠湾を題材にしたからである。リアルな歴史を扱ったからである。私は前記の持論を訂正しないが、各々に正当な言説を惹き起こしてそれが微妙に揺らいでいく、映画的表現の底知れなさを改めて今回思ったしだいである。

ハリウッドにおけるテロルの回路

2001年10月下旬

「世界貿易センタービルが崩壊する場面を見て、映画『アルマゲドン』を思い出してしまった」(島田雅彦、九月一二日付朝日新聞夕刊)

「今回のテレビ報道は、どこか米国中心のハリウッド的文化を上塗りする構図を感じた。(中略)それは他者への単純な礼賛と憎しみを生む」(水越伸、九月一三日付朝日新聞夕刊)

「反米テロリストたちの想像力自体がハリウッド的(派手だけれど単純な善悪二元論)なのかもしれない。(中略)世界はハリウッド映画のような勧善懲悪の物語に巻き込まれつつあるのだろうか」(大野博人、九月一八日付朝日新聞朝刊)

九月一一日に起こった米国での同時多発テロ事件は、随分とハリウッド映画と関連づけて報道される記事が多かった。島田雅彦のように、単純にハリウッド映画の一場面を想起する者から、報道の在り方を分析したり、ハリウッド的な物語の符牒を感じる者まで、今回の報道はハリウッド映画の根幹に触れる内容がかなり目立った。

おそらく、どれも正論なのだろう。私の周囲にも「まるで映画のようだ」「あれを見ちゃうと、もう映画を観ても何も驚かないよね」といった声が多かった。そうした表面的な言葉は湾岸戦争時にも結構飛びかっていた。それはこの時代の〈戦争〉と映画というメディアが、いかに深い関係をもっているかの証明でもあったと言える。

ただ私は今回、ハリウッド映画をめぐってはちょっと異質なことを考えていた。それは、何故近年のハリウッド映画は、自国を攻撃される（あるいはされた後の）シチュエーションを大量に作り出してきたのか。五〇年代以降にその傾向が見えてきたにしろ、ここ近年のそれは少し異常ではなかったかという考えが、わが脳裏を捉え始めたのだ。

今年の夏だけを見てもいい。「A．I．」「パール・ハーバー」「猿の惑星」。遠い未来であろうが、過去であろうが、アメリカの地は水没したり、爆撃されたり、侵略されたりしている。そこではアメリカは崩壊するというイメージが、これでもかこれでもかと連鎖されているのである。

ここで、ちょっとうがった見方をする。ひょっとしてハリウッド映画におけるアメリカ崩壊の図は、アメリカ国民が無意識に恐怖していたものを具現化していたのではなかったか。無意識の恐怖。それは、明らかに富と豊かさを謳歌している多くのアメリカ国民が、その故にこそ感じていた恐怖に他ならない。

その恐怖が現実化した。「ハリウッド映画があの事態を予見」（仏フィガロ紙）したのではない。いささか突飛な見方をすれば、まさにアメリカ崩壊のイメージを刻み込んできたハリウッド映画こそが、〈あの場面＝現実〉を呼び込んだと言っていいのだ。

虚構が現実の無意識部分を取り込み、なおかつ現実領域がその無意識部分を具現化したこと。そこに「搾取する者と搾取される者の戦い」（水口章）が裏打ちされていただろうことは想像に難くない。これはまさに、ハリウッドにおける〈テロルの回路〉（松田政男の単行本のタイトル）ではないか。

「傷ついた者を前にして、音楽は何もできないのかといった疑問がぼくを苦しめる」（坂本龍一、九月二二日付朝日新聞朝刊）。映画も、この疑問から逃れられない。映画において、〈テロルの回路〉を超えるものはいったい何なのだろうか。

〝ハリウッドとテロ〟で締める〇一年

2002年1月上旬

文芸誌の『文學界』十一月号の特集〝アメリカ映画―テロ以前、テロ以後〟における阿部和重と中原昌也の対談に対して、映画に「テロ以前とテロ以後なんてものは存在しない」と喝破したのは、『群像』十二月号における山根貞男だった。

山根はその論旨のなかで、ハリウッド映画偏重主義を戒めた。ハリウッド映画が、「映画」の代表なんかではない。他の国の映画はそうした区分け〝以前〟に、それぞれの国情などを背景に作られ続けている。最近の中国映画の傑作である「プラットホーム」を観ろ。その映画的達成感の前に、〝アメリカ映画―テロ以前、テロ以後〟に何程の意味があろうかと。

山根さん、よく言ったと思う。あの、九月一一日に起こった米国での同時多発テロ事件に対して、映画評論家のほとんどの人たちが何らかの衝撃を受けながら、それを自己の映画評論のなかでなかなか咀嚼できていない。山根貞男ただ一人、自己が構築してきた映画評論の延長線上にテロ事件を〝対象化〟しようという言説に挑んでいる。

山根の論は、映画の多様性に目を向けることである。(「プラットホーム」に代表される)監督の力量を信ずることである。個別なものとしてある「映画の力」に絶大な信頼を寄せる批評の形と言ったらいいか。これは、映画を評価するときの一つの「思想」であろう。映画の表現論を追求してきた山根にとって、それは時代によっても変わりようのない「思想」だと言える。

ただ、私が映画を語る姿勢は、山根とは方向性が違っていることも前記の論旨から感じた。私は映画を語るとき、作品そのものの骨格を中心点にしつつも、社会性と大衆性も視野に入れることを心がける。もちろん山根も視野に入れているだろうが、その入れ方の尺度が違っている。だから、テロ事件より相米慎二の死の方が重要だと言った山根の意見には与しはしない。「映画」にとっては、そのどちらも重要だと考える。

以前にもこの欄で記したことがあるが、私は判断基準における二分法的裁断に疑問をもっている。あっちかこっちかではなく、その選択の一歩前で止まって両者の入り乱れる緩衝地帯のような場所に分け入ることを心がける。ハリウッドか中国映画かではないこの両者を分け隔てしない「見方」に、己の「思想」を賭ける。

だからハリウッド映画に関しては、〝テロ以前、テロ以後〟といった言い回しとは別に、あのテロ事件を境にして、ハリウッド映画は変わりうる絶好の契機を見出したと思っている。誤解を恐れずに言わせてもらえば、テロ事件を境にハリウッド映画はもっともっと「面白く」なりうる。

ベトナム戦争を契機にしたあとのアメリカン・ニューシネマを、ここで思い返してもいい。「イージー・ライダー」「俺たちに明日はない」「明日に向って撃て！」など、数え上げたらきりがない。それらの作品群は、明らかにベトナム戦争を媒介にしていた。これはアメリカ映画が、戦争を中心とした社会的側面に大きく影響されたことを意味する。ニューシネマを観て育ってきた私としては、その〝影響〟に多大な関心を抱く。個と組織、あるいは個と国家という対峙関係を、ニューシネマはそれまでのアメリカ映画とは違った視点で描き続けた。

ベトナム戦争を契機に誕生したニューシネマ的なものの再現を夢想する。奇しくも、この夏並んだハリウッド大作はいま考えなくても、ある種の臨界点に達していたのではないか。ハリウッド映画はもはや腐りかけていたのだ。そこから転回点の契機として、私はあのテロ事件を捉える。その夢想こそが、私の「思想」だと考えている。

★★★★★ 2001年洋画興行収入ベスト10 ★★★★★

順位	作品名	興収（単位：億円）	配給会社
1	A.I.	96.6	WB
2	パール・ハーバー	68.8	BV
3	ジュラシック・パークⅢ	51.3	UIP
4	ダイナソー	49.0	BV
5	ハンニバル	46.0	GAGA/HUMAX
6	PLANET OF THE APES／猿の惑星	45.0	FOX
7	バーティカル・リミット	39.0	SPE
8	ハムナプトラ2 黄金のピラミッド	37.0	UIP
9	キャスト・アウェイ	32.7	UIP
10	アンブレイカブル	29.4	BV

2001年9月に起きた同時多発テロは、テレビのブラウン管に映画のように映し出された。事件の余波をうけて、多くのアメリカ映画が、公開延期や内容改変に追い込まれた。

2002年

平成14年

映画の醍醐味とテロ後一年

２００２年11月上旬

映画を観る醍醐味の一つに、意外な作品との出会いというものがある。有名監督、人気スターの作品ではない、大作ではない、話題性がない、宣伝されない、どこで上映されているかわからない。ないないづくしの映画なのだが、これがどうして、びっくりするほど面白く、かつ興味深い内容だったりすることがある。

そうした醍醐味を、最近本当に久しぶりに味わった。エレベーターの恐怖を描いた「ダウン」という作品だ。出だしは、まあありきたり。ニューヨークの超高層ビルで働く警備員が、さぼって望遠鏡で別のビルにいる女の裸を見ている。三流ホラー的出だしである。映画が俄然動き出すのは、妊婦数人を乗せたエレベーターが突然停止して、彼女らがパニックに陥るシーンからだ。エアコンも止まり、一気に妊婦たちの苦し気な表情が捉えられるのだが、この演出の呼吸が見事だった。彼女らの阿鼻叫喚を断続的ではなく、瞬発的に描くのが、否が応にも観る側の恐怖感を増幅する。

密室に閉じ込められたときに私たちがイメージする恐怖感が、非常にリアルに映像化されている。それも、そこにいるのは妊婦たちである。ため込められた恐怖感が、それだけで何倍にも膨れ上がる。妊婦たちの一人は想像どおりの展開になるのだが、直接的な描写は巧妙に避けられている。ツボを心得た憎いばかりの演出だと言える。

エレベーターに、何らかの作為が施されていることが示され、徐々に犯人の目途もついてきた（実は違うのだが）。その間、エレベーターの犠牲になるのは、〝助平な〟盲目じいさんと盲導犬、冒頭に出てきた警備員。どちらもエレベータの特性を生かした描写で、その心理的な怖さは抜群であった。

このあたりで、演出の力が並大抵でないのがわかってくる。観る者の内部に、恐怖感という観念を植えつけていく演出手法だ。これは簡単にできるものではない。エレベーターという動く密室に対して、監督自身が独自の恐怖感をもっていて、それがまさに演出に乗り移っているといった感じがある。

エレベーターとは、私たちが常日頃親しんでいる極めて日常的な〝乗り物〟だ。しかし、その裂け目からは、黒々とした非日常性が見え隠れしている不気味さも併せ持っている。この作品の監督は、いわばその黒々とした非日常性に、ある種とりつかれているのではないか。それは、恐怖感と表裏一体のような気がした。

実はこのエレベーターは、ある仕掛けられたものによって、自在に動く術を会得していた。その力が〝大量殺人〟にまで膨れ上がったとき、驚くべきことに米国大統領はその原因をテロ行為と断じたのだ。駆り出された消防士（？）は、ツインタワービルの爆破事件（九三年の方）を思い起こす。

あれから一年。堂々とツインタワービルが映っている「ダウン」が、昨年の前半に作られていたことに驚いた。犯人は米国内にいたという結末も興味深い。監督のディック・マーズは、八三年に「悪魔の密室」を演出しており、「ダウン」は、そのリメイクという。予見の映画のなかで、私は一年を振り返った。ハリウッド映画は、やはり何かを「恐怖」していたのだ。

★★★★★ 2002年洋画興行収入ベスト10 ★★★★★

順位	作品名	興収（単位：億円）	配給会社
1	ハリー・ポッターと賢者の石	203.0	WB
2	モンスターズ・インク	93.7	BV
3	スターウォーズ エピソード2 クローンの逆襲	93.5	FOX
4	ロード・オブ・ザ・リング	90.7	ヘラルド/松竹
5	スパイダーマン	75.0	SPE
6	オーシャンズ11	69.0	WB
7	メン・イン・ブラック2	40.0	SPE
8	アイ・アム・サム	34.6	松竹/アスミックエース
9	サイン	34.0	BV
10	バニラ・スカイ	33.2	UIP

「ハリー・ポッター」シリーズ1作目が大ヒットした。2002年の映画館入場者数は、1億6076万人（前年比98.5%）。興行収入は1967億8000万円（前年比98.3%）。

2003年

平成15年

アメリカ映画は変わるのか

2003年4月上旬

「暴力で世界は変わらず、変わったとしても一時的であることを認識しなければならない」（マーティン・スコセッシ）
「多くの人々が反戦の声を上げるよう望む」（スパイク・リー）
「もはや戦争で敵を打ち負かすことはできない。代りに、復讐心に燃える世代を生み出すだけだ」（ジョージ・クルーニー）

アメリカの映画人がこの二月、米のイラク開戦に対して反対の声を上げた。米国内で十万人規模の反戦デモが行われ、米国内の世論が二分されるなか、米映画界もまた参戦、反戦で真っ二つの様相を呈した。真偽のほどは定かではないが、俳優のショーン・ペンは、反戦の姿勢を見せたことにより、参戦派の製作者から役を降ろされたという。

私は一昨年の9・11テロ事件以後、アメリカ映画がどう変わっていくかに関心を持つと本欄に記したことがある。朝日新聞は今年に入って、「ギャング・オブ・ニューヨーク」や「ボウリング・フォー・コロンバイン」に、その芽が見えるとの分析を行った。都市や国民意識の成り立ちから、もう一度アメリカを見直そうとの気運が出てきたとその記事は伝えた。

前記の力強い発言を見て、私は米映画の変容を改めて予感した。ベトナム戦争がニューシネマを生んだように、この〈戦争〉の浮上は、明らかに米映画人の意識を変えていくのではないか。それが点として登場するのか、ムーブメントとして起こりうるのか。どちらにしても、何らかの動きは確実にあるという予感を持ったのである。

この二月末、四月に公開される「デアデビル」という作品を観て非常に面白く感じた。主人公は昼は盲目の弁護士、夜は正義のスーパーヒーロー。しかしこのヒーロー（ベン・アフレック）、どうもふつうの正義の味方と違う。正義をまっとうする自分の〈生き方〉に絶えず疑問を感じ、果ては教会に行って悩みを打ちあけるのだ。

ラストがびっくりする。ちょっとだけほのめかしておくと、復讐の連鎖では何も解決することがないという神父の意見に従うかのように、〈敵〉に対してヒーローはある態度を見せるのである。この結末は従来型のハリウッド・ヒーロー劇とは随分趣が違っている。問答無用に、ただひたすらある正義のために〈敵〉をなぎ倒していく能天気なエンターテインメントでは、「デアデビル」はない。悩めるスーパー・ヒーロー劇。そこには正義という大義に対する疑問が投げかけられている。ヒーロー像や〈敵〉の扱いに関しては、それは原作に沿ったからという見方もあるが、いやいやことはそんなに単純ではない。

問題作の類だけではなく、エンターテインメントの分野に、イラク攻撃を裏打ちする〈アメリカ的正義〉への懐疑が見えてきたのが面白い。復讐の連鎖では、ものごとは何ら解決しないと、虚構のなかで考えるヒーローが現れるなんて。

「9・11テロ事件の再発を防ぐためには、多少の犠牲はやむをえない」。イラク攻撃擁護の保守派の弁である。この危険極まる、まさにこちら側に押し流されていく感もある現実の前で、映画はいったい何ができるのか。変わる米映画に、その一つの端緒を見出したいと強く思う。

日本語吹替版が増える怪

2003年4月下旬

アメリカ映画の日本語吹替版が増えている。アニメや「ハリポタ」など、ファミリー層の観客が多い作品はわかるが、最近では「タキシード」「デアデビル」「X—MEN2」「マトリックス　リローデッド」といった〝一般作品〟にまで広がっている。私は当初、これはあくまでも配給側の事情だと考えていた。どういうことかというと……。

ここ一、二年、映画館数のシェア争いが激化しており、正月映画の「ハリポタ」二作目に至っては、何と八五八スクリーンでの上映となっていた。国内の映画館数は二六〇〇スクリーンちょっと。つまり「ハリポタ」二作目は、全国の映画館のうち三分の一を占めていたのである。

「ハリポタ」二作目は、シネコンで言うなら各サイトごとに三本ないし四本のプリントが手配されていた。字幕版二本、吹替版二本が基本だとして、一サイトでは四スクリーンで上映される。もちろん観客の入りに合せて、スクリーン数は減ったりするが、配給側はとにかく多スクリーンでの上映を目論んでプリントを手配したのだった。

この目論みには、当然吹替版の存在が大きな意味を持つ。両バージョンがあるからこそ、四本もプリントを一サイトに手配できるわけで、字幕版のみなら八五八スクリーンにまで上映館が広がることはない。まあ、ファミリー向きの作品なら、そうした〝やり方〟もわかる。

しかし、「タキシード」などの作品となると、ちょっと意味が変わってくる。つまり、映画館数のシェア争い激化のなか、〝一般作品〟でも上映館を増やすことが緊急の課題になった。だから、そのための方策として両バージョン公開が多くなってきたのだと私は考えたのである。しかし、理由はそれだけではなかった。

「007の新作で、吹替版はないのって、聞いてきたお客さんがいたんですよ。三十代ぐらいの人だったんですが、驚きましたねえ」

ある映画館勤務の人の言葉に、ちょっと驚いた。その人はさらに、最近吹替版のニーズが非常に高まってきたと指摘した。「ロード・オブ・ザ・リング／二つの塔」は、一作目より吹替版のシェアが上がった。正月作品「ピータパン2／ネバーランドの秘密」でも、二十代の女性が吹替版を何の違和感もなく観入っていた。

　こういう話を聞いて、配給側の事情のみではない両バージョン公開の現実が見えてきた。つまり、外国映画の公開において、吹替版が作られるのは、観客側がそれを求め始めたからという理由が一方にあったのである。

　こうした背景には、ビデオやDVDの吹替版の外国映画を見て育ってきた世代の台頭があるだろう。映画を観るもともとの原点に、吹替版があった。それが映画館に延長されていようと、何の違和感があろう。字幕信仰など、過去の話になってきた。

　難しく考えることはない。これは要するに、吹替版の方が観るのに〝楽〟という観客が増えてきたのである。そのニーズと配給側の事情が一致した。ただその陰で、映画館からどんどん閉め出される作品が多くなっていく。いささかいびつな〝興行形態〟が進行中といったところだろうか。

「マトリックス」完結作への道

2003年12月上旬

驚いた。別に驚くこともないのだが、「マトリックス レボリューションズ」が、面白かったのである。マシン・シティでの人間と機械の壮絶なバトルから、ネオとスミスの因縁の対決へと続く後半数十分の映像パノラマのつるべ打ちが見応え十分だ。イマジネーションの豊饒さが、技術力のみに還元されていない。そこには、カタルシスがあった。

「マトリックス」は、二作目「リローデッド」から作品が一段と巨大化し、宣伝展開もスケールアップした。その過程で、いかに作品を〝読み解くか〟といった類の記事が多くなったことも見逃せない。いろいろな人物関係や物語の細部が、克明に説明される記事が増えた。いわば巨大化と、ある種の〝オタク化〟が、同時進行したと言えようか。

「リローデッド」は、全国動員八〇〇万人・興収一一〇億円。一作目から約四〇%増えた。これは、一作目のインパクトがいかに大きかったかの証でもあろう。当然本作への期待度は高く、それに宣伝のスケールアップが加わって、スタート時は観客があふれた。しかし、「リローデッド」では奇妙な事態が起こった。公開が進むにつれ、男性観客中心になっていったのである。女性たちが言ってみれば、〝引き始めた〟。男性観客も、女性たちほどではないが、〝先細った〟。スタート時の様々な記録更新が、そのまま持続性をもちえなかったことが、そうした事態を物語っている。

これは、内容面に即した現象であったと言えよう。一作目に、ドラマ構成の点で強固なリアリティを獲得していたマトリックス世界（仮想世界）が、「リローデッド」に至って不可知論的混濁を見せ、観念過剰の様相を呈したのである。早い話、本作では、著しい中身のトーンダウンが見られたのだ。一作目の動員力を決定づけた魅惑的な空中乱舞も、ただただ残滓的映像にとどまった。

三作目の「レボリューションズ」だから、二作目のそうした〝余韻〟を引きずり、女性たちがかなり引き始めたなかで公開された経緯があった。スタート時、観客の主流は予想どおり、男性たちであった。

「レボリューションズ」の面白さは、観念に裏打ちされた人間の肉体性が前面に出たことが大きい。シリーズの真骨頂たる魅惑的な空中乱舞が、日本のアニメや三池崇史作品などのエッセンスをとり込みながら、肉体性のなかで〝爆発〟していく。「キル・ビル」と同じく、文化の混合ぶりの果てに、生身の肉体性がスクッと立ち上がってくるところが面白いのである。

三作目は、二作目における内容面でのトーンダウンと、二作目から五ヶ月以内の公開や世界同時刻公開というマーケティング上の〝早急さ〟が、今後の興行を決定づけていくことになると思う。スタート時、二作目のほぼ八〇％の成績というが、まさに今述べてきた論点にふさわしい興行展開だと言わざるをえない。

このシリーズは、私にとっては「スター・ウォーズ」以上に興味深いものだった。今日的な映画の巨大化とオタク化という文化の両極を併せもつ異色な世界観があった。「マトリックス」は今後、様々な場所で議論の対象になっていくことだろう。

★★★★★ 2003年洋画興行収入ベスト10 ★★★★★

順位	作品名	興収（単位：億円）	配給会社
1	ハリー・ポッターと秘密の部屋	173.0	WB
2	マトリックス・リローデッド	110.0	WB
3	ターミネーター3	82.0	東宝東和
4	ロード・オブ・ザ・リング 二つの塔	79.0	ヘラルド/松竹
5	パイレーツ・オブ・カリビアン 呪われた海賊たち	68.0	BV
6	マトリックス・レボリューションズ	67.0	WB
7	マイノリティ・リポート	52.4	FOX
8	HERO	40.5	WB
9	チャーリーズ・エンジェル フルスロットル	35.0	SPE
10	シカゴ	35.0	GAGA/HUMAX

ベスト10選外にも「戦場のピアニスト」（34.5億）「ギャング・オブ・ニューヨーク」（30.0億）と話題作が並んだ。国内映画では「踊る大捜査線／レインボーブリッジを封鎖せよ！」が173.5億円の興行収入。

2004年

平成16年

イーストウッドの衝撃、わが日本へ

2004年3月下旬

今さら私がしゃしゃり出て、くだくだと賞賛の言葉を書き連ねる必要もあるまいと思ったが、やはり触れざるをえない。クリント・イーストウッド監督の「ミスティック・リバー」だ。観終わって、ある種のショックを受けた。少し経って、ふと思ったことがある。日本の最先端にいる映画監督たちは、この作品によって自身の製作の核を根底から揺さぶられるのではないかと。

冒頭、アメリカ・ボストンの陰鬱な住宅密集地に、少年たちが登場してきたとき、すでに私の内部の血がざわめいた。物語が生起する寸前の、恐ろしさと境を接するぞくぞくするような画面の緊張感。さっと、画面の上方を車が走り去る。この、さっと現れて消え去る車の不気味なことといったらない。この車は、誘拐者の車と描写上結びつく。

何かが起こりそうな画面の張りを、強靭な演出力で醸成していくのが、この作品の真骨頂である。雑貨店でのショーン・ペンと娘の抱擁。教会で見せるペンの義理の弟の意味ありげな視線。さらに教会でのペンが、何ものかに突き動かされるように後ろを振り向くときの目のやり場。物語の生起に向かって、凶暴な映画の〝意志〟が画面に塗りこまれているような趣なのだ。

おそらく〈暴力的〉な何ものかと、この〝意志〟は無関係ではない。この世界ののっぺりした風景が、暴力的な何ものかによって、異様な世界のたたずまいに変貌する。物語の生起とは、そうした世界が広がっていくということだ。現実から虚構へ。その、越境への緊張度が、この作品は尋常ではない。

物語の先には、登場人物たちに彩られた〈暴力の回路〉があった。わかりやすく言えば、暴力の連鎖だ。その連鎖は、共同体のなかで育まれ、溶解していく。ラスト、何とペンの暴力を隠蔽しつつ、より一層大きな暴力へ連鎖させようとする〝勢力〟の存在が明らかになるではないか。引き金はペンの女房だが、それを推進するのは、暴力の風土性でなくて何であろう。

劇中、クリントン、レーガン、イラクといった名称が何気なく登場する。物語と無関係に使われるそうした名称の登場を、決して見逃してはなるまい。アメリカのある地域の暴力劇は、国家的規模にまで広がっていることを、映画はそれこそ何気ない素ぶりで暗示しているのだ。最終幕で見せる刑事役のケビン・ベーコンのあの素ぶりは、アメリカという国家の不気味な表情に重なり合う。

映画の大衆性という面においても、この作品は観客に果敢な挑戦を行っている。おそらく、娯楽映画の枠組みのなかで、あのラストは許されないだろう。勧善懲悪のハリウッド的枠組みに慣らされた観客に娯楽映画の〈思想性〉を叩き込む。それは興行の限界を生むが、だからといって娯楽映画のまっとうな線は崩されてはいないのだ。

私はこの作品を観て、北野武、黒沢清、三池崇史、阪本順治といった日本の映画監督たちのことを頭に描いた。〈暴力〉を描いて、彼らはまだ日本という国家に行き着いていない。娯楽映画の枠組みも、揺り動かしてはいない。だからこそ、彼らはこの作品に大きく揺さぶられると思うのだ。〈暴力〉に意識的な日本の映画監督たちよ、イーストウッドを超えてみよ。

★★★★★ 2004年洋画興行収入ベスト10 ★★★★★

順位	作品名	興収（単位：億円）	配給会社
1	ラストサムライ	137.0	WB
2	ハリー・ポッターとアズカバンの囚人	135.0	WB
3	ファインディング・ニモ	110.0	BV
4	ロード・オブ・ザ・リング 王の帰還	103.2	ヘラルド/松竹
5	スパイダーマン2	67.0	SPE
6	デイ・アフター・トゥモロー	52.0	FOX
7	トロイ	43.0	WB
8	アイ，ロボット	37.5	FOX
9	ホーンテッド・マンション	34.0	BV
10	ヴァン・ヘルシング	28.0	GAGA/HUMAX

数字上はここ最近、上げ潮状態が続いてきた映画興行だが、ここにきてその“貯金分”を吐き出しつつある。

2005年

平成17年

米映画の停滞ぶりを見る

2005年6月上旬

春休みからGW（〇五年）にかけての映画興行が、厳しい局面を迎えた。数字上はここ最近、上げ潮状態が続いてきた映画興行だが、ここにきてその〝貯金分〟を吐き出しつつある。邦洋の配給会社十二社の一〜三月の累計興収が、一一二六億七千万円。これは、昨年の同期比で九三・一％だった。一〜二月累計が一〇〇・六％だったから、いかに三月の興行が悪かったかがわかる。

理由は、いくつか考えられるが、なかでも特筆すべきは米映画の〝停滞ぶり〟であろう。この春からGWにかけて、期待の作品がことごとく興収を下げた。その米映画全般に見られる傾向としては、新たなる〝娯楽〟の方向性を見出せないことがある。それに伴い、観客が米映画そのものに、飽きてきたと言える。

「アビエイター」（興収一一億円）の不本意な興行を、まず見てみよう。一般論では、興行が低迷した理由は、こう言える。ディカプリオが演じたハワード・ヒューズなる人物の苛烈な人生に、日本の観客の関心が低かったこと。すでに前作「ギャング・オブ・ニューヨーク」のときに見えていたディカプリオ人気の翳りを、これに加えてもいい。

ただ私に言わせれば、そうした一般論だけでは理解できないことがある。そのような正当な理由以前に、映画の中身そのものが重要に思えてならない。もともと、監督のマーティン・スコセッシの作品に、それほど大衆性はない。それは、そこに作家性の刻印が厳然と施されているからなのだが、それはそれで両者には一つの整合性があった。しかし、「アビエイター」に至って、そうした整合性をさえ突き崩す描写の混濁感が浮上してきたのである。

この混濁感が、大衆性の稀薄化をさらに推進したと、私は見る。たとえば、主人公の性格設定である。冒頭、伝染病からの〝隔離〟という言葉が何回もリフレインされ、子ども時代の〝無菌状態〟ぶりが、極度に強調される。これは、中盤あたりから主人公の異常な潔癖性につながり、それはまさに異様な行動力と密接な関係があるように描かれる。

こうした主人公のあり方を観て、誰もが思い出すのがスコセッシの傑作「タクシードライバー」だろう。主人公のトラヴィスは、大都会の病巣を根絶やしにすべく、売春宿に単身乗り込む。その異様な行動力の中心部に、世界をクリーンにしたいという彼の度を超した潔癖性があった。つまりこの二作品は、主人公の潔癖性という一点において、強く共鳴し合っているのである。

ただ不幸なのは、「アビエイター」の主人公の場合は、「タクシードライバー」とは反対に、その性格描写が全体の物語性と有機的なつながりを持ちえないことなのだ。これは、作家性（異常な性格描写）が、娯楽性（物語とスペクタクル描写）に打ち勝てず、両者が奇妙な同居をしている映画の奇態なありようを指し示す。描写の混濁感とは、実にこのことを表す。

「アビエイター」をある映画館で観終わった私は、ラストを迎えて観客が奇妙な反応をしていたのを思い出す。失望感でも、ましてや満足感でもない。それは何か、肩透かしを食らったような感じだった。観客のまっとうな感受性からしたら、つかみ切れないような映画の混濁感。この混濁感は、あまり後味がいいものではない。

★★★★★ 2005年洋画興行収入ベスト10 ★★★★★

順位	作品名	興収（単位：億円）	配給会社
1	スター・ウォーズ エピソード3 シスの復讐	91.7	FOX
2	宇宙戦争	60.0	UIP
3	チャーリーとチョコレート工場	53.5	WB
4	Mr. インクレディブル	52.6	BV
5	オペラ座の怪人	42.0	GAGA USEN
6	ターミナル	41.5	UIP
7	オーシャンズ 12	36.0	WB
8	私の頭の中の消しゴム	30.0	GAGA USEN
9	四月の雪	27.5	UIP
10	コンスタンティン	27.1	WB

1位は1978年に最初の作品が公開された「スター・ウォーズ」のシリーズ。最初の3部作が70年代から80年代にかけて、その後十数年の間を開けて、99年から新たな3部作が本作まで製作された。

★

2006年

平成18年

どこへ行くのか、スピルバーグ

2006年4月上旬

　スティーヴン・スピルバーグ監督の作品は、公開されるたびに〝事件〟となる。「ミュンヘン」を観て、改めてそう思った。その〝事件性〟は、興行的な絶頂期を誇った一九八〇年代から九〇年代にかけてよりも、現在の方が大きいのではないか。それは彼が、映画を作るごとに、以前にもまして揺れ動いているからに他ならない。

　ここ二年ほどの彼の作品は、「ターミナル」「宇宙戦争」「ミュンヘン」である。作品の連なりとして一般的に見れば、何程のこともないかもしれないが、スピルバーグ本人の作家的な内面を見れば、とてつもなくダイナミックな連続性に映る。それぞれが、前作の発展的な継承を経ており、その継承の形が、いかにもスピルバーグなのだ。

「キャッチ・ミー・イフ・ユー・キャン」の文学的属性（スピルバーグ本人の私性の発露など）をとっ払い、娯楽映画としての整合性を取り戻したのが、「ターミナル」だったろう。「キャッチ〜」同様、飛行機への彼の偏愛を感じさせる作品だったが、それを空港という閉じられた空間に封じ込め、言ってみれば彼の私性を稀薄化させたのである。

これが、「ターミナル」に淀みのないドラマ性を付与したとは言える。ただ、「ターミナル」には、作家的な余白、余剰がなかった。スピルバーグ本人は、そこで描かれた世界に満足したとは思えない。そもそも彼には、巨大願望があり、おそらく飛行機への偏愛にも、それがあるのだと思う。それが封殺されたことで、彼の表現の核が揺らいだ。

「宇宙戦争」で見られた描写間の奇妙な破綻ぶりを、誰もが訝しく感じたことだろう。冒頭近辺、怒涛のように地表から顔を覗かせる物体の異常な巨大さが醸し出す興奮が、中盤あたりからのドラマ部分の展開、さらにエイリアンが登場するに及んで、みるみるトーンダウンしていく。この描写の混乱ぶりに、スピルバーグの内面の動揺を見ることができる。

巨大化への志向は、「ターミナル」的世界の反動だったと思う。しかし本来ならば、あの巨大化は「未知との遭遇」の巨大宇宙船のように、ラストに位置すべきものだったのではないか。原作にいかに忠実だったとはいえ、映画的な展開としては、全く間が抜けていたと言える。

おそらく、そうした展開を彼に強いたものこそ、善悪二元論への懐疑であった気がする。何らかの正義を抱いて、果敢に行動することができないトム・クルーズ。「宇宙戦争」の一つの見所は、トムが見せた非戦論者の行動様式といったものであり、ただそれがスピルバーグのなかで思想的に煮つまっていないので、描写の抽象性、曖昧さにつながってしまった。

「ミュンヘン」はまさに、最終的に非戦論者に到達せざるをえなかった男、エリック・バナの苦渋を描く。乾いた殺戮マシーンだったエリックがラスト近く、妻とのセックスの最中に、空港でのテロリストたちの銃撃戦を想起し、身悶えるシーンは圧巻だった。絶えざる復讐戦のなかで、自身の存立自体が揺れていく姿は、スピルバーグのそれに静かに重なり合う。

スピルバーグは自身の映像表現と、社会的な立場をめぐって、大きく揺れ動いている。その揺れ方は、ただ事ではないと思う。いったい、どこへ行くのか、スピルバーグ。

ダ・ヴィンチ・ストーリー

2006年4月上旬

五月二十一日（〇六年）の午後三時ごろ、本当に久方ぶりに東京・渋谷の渋東シネタワーに赴いて、少し唖然とした。この映画館は全部で四館あるのだが、何と三館で二十日公開された「ダ・ヴィンチ・コード」が上映されていたのだ。かつてこの映画館で、三館を独占した映画はない。ここまで映画館が独占されていいのかという思いがあったが、しかし、そのときの様子を見た限りでは、何ら不自然な感じはなかった。

その日、三時〇五分から字幕版を上映する映画館は当然満席だったが、午後四時からの字幕版上映館もすでにチケット完売状態。午後三時三十五分からの日本語吹替版上映館も、映画館に連なった長い列の様子から、満席になりそうだった。凄いな、これは。映画館における一作品の独占ぶりが、観客側からすると、非常に効率のいいもののように見えた。

映画が、社会現象化するとはこういう状態を指すのだろう。公開数日前には、映画の内容に即したテレビ特番がひんぱんに流され、高視聴率をとった。公開初日の二十日夜には、NHKがニュースで初日風景を報じた。これらすべて、原作のベストセラーぶりが背景にあったと思う。何と公開数日前に、ハードカバー（上下巻）、文庫本（上中下巻）、合わせて九〇〇万部に迫っていた。

しかし――。同映画のカンヌ国際映画祭におけるオープニング上映が五月十七日。前日には、マスコミ関係者向けの試写が行われ、散々な評判だったと、各メディアが報じた。トム・ハンクス演じる教授が、キリストの末裔の話をする段になって、失笑が起こった云々。ネットには、その不評ぶりが大量に流され、危うし「ダ・ヴィンチ」という風評が、一気に業界に広がったのだった。

日本での初めてのマスコミ試写は、五月十七日と十八日の二日に分けて行われた。十八日に私は観に出かけたのだが、帰り際、「思ったほどではなかったね」という声が聞こえてきた。風評ほど、悪くはないという意味で、なるほど映画というものは面白いものだ。ひどい、ひどいと煽られているから、ひどさに〝免疫〟ができている。つまり、レベルの低いところで観ているから、ひどさが、リアルに実感できない。

　そういう私も「思ったほど」派だった。前半部分の間の抜けた展開には恐れ入ったが、学者が絵の解読をするあたりから、何とか物語を素直に追うことができるようになった。ただ、映像化が極めて難しい題材だったとは思う。長大な原作のどこを入れてどこを捨てるか、その兼ね合いが、非常に難しい題材の気がした。監督のロン・ハワードにとっても、苦手のジャンルだったのではないか。

　スタート時の興行展開は、前記したような状況下で公開されたため、観客があふれ返った。社会現象化の前に、悪しき風評はほとんど動員に悪影響を与えなかったと見える。ただ、内容面での充実感が少ないことは間違いなく、話題性、謎解き及び文化的な側面での関心度は、早晩低くなっていくと思われる。興収見込み九〇億円の攻防は、社会現象化と内容面を秤にかけた結果だろう。宗教的タブーのない日本が、米国を除いた国でトップの成績となる落ちもつきそうだ。

米国映画の崩壊が始まったのか

2006年10月上旬

米国映画は、崩壊し始めているのだろうか。米国映画のヒット作が激減していて、それは米国映画の現在のありようと大きな関係があるように見える。データが、そのあたりを裏付けている。夏興行では、世界的な大ヒットとなり、日本においてもトップ成績となるだろう「パイレーツ・オブ・カリビアン／デッドマンズ・チェスト」の一〇〇億円（見込み）はともかくとして、他の作品が軒並み見込みを下回ったのだ。

夏興行興収三位の「M：i：Ⅲ」が、前作の半分近くの五一億円。同六位のピクサーCGアニメ「カーズ」が、「Mr.インクレディブル」（五三億円）の半分以下となる二三億円。「スーパーマン　リターンズ」が、昨年の「バットマン　ビギンズ」（一四億円）を少し上回る程度。

ドリームワークスのCGアニメ「森のリトル・ギャング」が、「マダガスカル」（一二三億円）を大きく下回った。

悪すぎるのである。このコラムでも何回か指摘してきたこうした傾向は、実に長く続いている。オーバーではなく、日本の興行における米国映画は、崩壊前夜といった様相を呈し始めているのだ。理由はもちろんいくつかあるが、とりあえず三点に絞ってみれば、内容面の変化、観客サイドの意識の変化、周辺状況の変化、ということになろうか。今回はまず、内容面からその理由の一端に迫ってみよう。

ハリウッド＝米国映画といえば、私の独断によれば、絶えず新ジャンルの発掘でそのときどきの危機を乗り越えてきた印象がある。七〇年代のパニックものやオカルトもの、八〇年代のSFXもの、九〇年代の感動パニックもの、二〇〇〇年代のファンタジーもの。かなり大雑把な区分けだが、その強靭な新ジャンル発掘こそが米国映画の活力であり、世界市場制覇の根幹であった。

その新ジャンル発掘が、ついに行きづまりを見せ始めたのだと思う。少し詳細に見れば、米国映画のときどきの新ジャンルとは、かつて全盛を誇ったジャンルの時代に即した変形であった。いわば、ジャンルの発展形であり、その微妙なジャンル拡大のヒダにこそ、大衆訴求力の生命が宿っていた。そのヒダを、ついにというか、米国映画は見出すことができなくなった。

　ＣＧという高度な映像の技術力の進化が、ヒダの発掘ができなくなった大きな理由の一つだと思う。何でもあり、何でも構築可能なＣＧの導入が、逆に映画から様々な可能性をはぎとった。ジャンルの発展形は、技術力の面では徐々に徐々にといった段階性のなかで命脈が保たれてきたのに、ＣＧはまさに映像の最終形を構築してしまった。ここから先は、単純化してしまえば、もはやないのである。

　技術力が及ぼす大衆訴求力が弱まった以上、頼りになるのは精神力、いわばドラマ性ということになろう。これは二〇〇〇年以降、「ハリポタ」や「ロード・オブ・ザ・リング」のシリーズで、一応の発展形を見た。しかし、この流れも確実に終焉が迫ってきた。

　となれば、新ジャンルの発掘は、いったいどこに狙いが定められるのか。今のところそれは、どこにも見当たらなくなったと言えるのではないか。９・11同時多発テロ以降、米国映画の迷走は一段と加速したように見える。

米国映画の崩壊が始まったのか(続)

2006年11月下旬

米国の新聞に今年前半、こういうことが書かれていた。米メジャー・スタジオのトップは、かつてタイクーンと言われたような権力的人間は影を潜めたが、代わりにマーケティングに長けたエリートが、その座に着くケースが増えた。これは、米国映画の製作に、限りなく停滞を及ぼしているという内容だった。この記事を見たとき、私はハタと膝を打った。そういう視点で見ると、昨今の米国映画の低迷の理由が、はっきりとわかるからであった。

たとえば、たまたま観たのであえて例として挙げるのだが、「レディ・イン・ザ・ウォーター」という作品がある。観終わって、何故、この作品が企画として通り、映画化されたのか、不思議でならなかったのだが、前記の記事を思い返せば、なるほどということになった。つまり、M・ナイト・シャマランという監督の新作というのが、映画化の大きな理由だったのである。

シャマラン監督は周知のように、「シックス・センス」の世界的な大ヒットで、一躍〝ブレイク〟する。以降、「アンブレイカブル」「サイン」「ヴィレッジ」と続け、ヒットメーカーの名をほしいままにした。今回の新作の配給（国内）は、これまでの東宝東和やブエナ ビスタ（現ウォルト・ディズニー）からワーナーに移った。その理由ははっきりしないが、ワーナーにすれば、ヒットメーカーの新作が舞い込んできたことで、この監督を最優遇しただろうことは想像に難くない。

「レディ～」は、水の妖精と怪物をめぐる抽象世界に、相当混乱が生じていた。おそらく、これは想像だが、企画のチェック機能は、その混乱ぶりを読み取れなかったのではないか。確かにここ二作ほど、シャマラン作品の評判は下がる一方だったが、興行はある程度、安定してはいたのだ。この現実が、ワーナー首脳陣の目を、かなり甘くしたと推測する。「レディ～」の興行は日米双方とも厳しく、監督名を優先した〝マーケティング戦略〟は結果、うまくいかなかった。

話は変わって、もうかなり以前になるが、米国映画の新作にシリーズものが多い傾向を指して、企画の貧困を指摘する記事が増えたことがある。もちろんそれはそうに違いないだろうが、これは米国の映画産業が要請していることでもあったろう。つまり、シリーズものは認知度が高いため、世界同時公開がやりやすい。この世界同時公開という形が、米国映画を〝救う〟一つの方策だったと思う。

それが今や、米メジャー・スタジオにとって死活問題となりつつある海賊版対策となる。世界同時公開とすれば、海賊版が世界中に行きわたる前に、上映はある程度進み、市場を大きく荒らされないですむ。製作資金の早期回収の意味も大きいだろう。できるだけ早く、広範囲に収益を上げ、次作に資金を回す。これは投資家対策にもなっている。こうした世界同時公開という形が、粗悪品の増加と世界の映画市場の混乱に結びつくだろうことは想像に難くない。

今年前半、米メジャー・スタジオは、のき並みリストラ案をかかげ、スタッフの大々的な首切りに打って出た。さらに、年間の製作本数を半分にしたスタジオも出てきた。以上、いくつかの論点から触れてきた米国映画事情は、ほんの部分的なものに過ぎない。だが、ここをはずすと映画の現在が見えなくなる。これは、米国映画だけの問題ではないのだ。

★★★★★ 2006年洋画興行収入ベスト10 ★★★★★

順位	作品名	興収（単位：億円）	配給会社
1	ハリー・ポッターと炎のゴブレット	110.0	WB
2	パイレーツ・オブ・カリビアン デッドマンズ・チェスト	100.2	BV
3	ダ・ヴィンチ・コード	90.5	SPE
4	ナルニア国物語 第一章：ライオンと魔女	68.6	BV
5	M:i－3	51.5	UIP
6	Mr.& Mrs. スミス	46.5	東宝東和
7	フライトプラン	31.2	BV
8	チキン・リトル	26.8	BV
9	ワールド・トレード・センター	24.0	UIP
10	キングコング	23.5	UIP

「洋画離れ」が指摘された年。興行収入の総計に占める洋画のシェアが21年ぶりに邦画を下回った。洋画の大作はＣＧに頼りがちで新機軸が見い出せず迷走しているのか。

2007年

平成19年

後味の悪い第79回アカデミー賞

2007年4月上旬

第七九回アカデミー賞（〇七年）の結果を見て、何とも言えない違和感をもった。とくに作品賞に関しては、「ディパーテッド」は消去法で選出された気がした。純然たる米映画に突出した作品がなかったことで、結果的に作品賞に押し上げられてしまったのではないか。功労賞として、スコセッシの監督賞と〝込み〟ではなかったか。後味は、いいものではなかった。

今回のアカデミー賞は、各マスコミが国際色豊かな点を大きく指摘した。確かに作品賞の候補だけを見ても、ほとんど日本語のみでドラマが進む「硫黄島からの手紙」や数ヶ国語が飛び交う「バベル」など、一つの国籍に染まることのない作品が並んでいた。メキシコの三監督が出席したこともあって、スリー・アミーゴスなどと言われたとも聞く（私は、授賞式を見ていない）。

昨年の第七八回は、独立系の作品が作品賞の候補にズラリ並んだことで、メジャー・スタジオ衰退が取りざたされた。今年は独立系から国際色という方向性に変わったが、今回の受賞結果を見る限りにおいては、メジャー・スタジオの面目を立てる〝ハリウッド最後の砦〟を守った気がした。その象徴的な作品が、「ディパーテッド」であったと言えよう。

おそらく今回、独立系という方向性と、国際色豊かという特色のそれぞれ代表的な作品が、作品賞の候補作で言うなら、前者が「リトル・ミス・サンシャイン」（配給はメジャー系だが）、後者が「バベル」であったろうか。「リトル～」に関しては、これが何故作品賞候補になったのか、不思議だった。あくまで愛すべき小品という意味合いの作品であり、候補はかなり無理やりの感じがした。

この作品で助演男優賞を受賞したアラン・アーキンなど、途中でいなくなってしまう役柄であり（何故かは言わない）、何と不思議な受賞だったことか。スコセッシとともに、アーキンも初受賞であり、こちらも功労賞的なニュアンスが感じられた。不在のアーキンの色を出すラストの見せ場が私は大好きなのだが、それは愛すべき小品としての側面だったと思う。

「バベル」は、まぎれもない問題作だ。世界的な規模で広がっている様々な過酷極まりない現実を、世界横断的な視点で描こうという狙いは非常に面白い。しかし、三つのエピソードのうち、モロッコ部分とメキシコ部分では、さらにその先を見たい気がした。簡略化すれば、モロッコ部分は、住民の悲劇と白人同士の連帯の稀薄さが、メキシコ部分は、国境付近の異人種間に見られる誤解の発露が、それぞれ重要なテーマになっている。

ただこのテーマが、絶望の淵に立つ根底的な人間の悲しみの一歩手前で収束したように見えたのだ。これは、エピソードを重ね合せていく全体の構成の故ではなかったか。日本部分も含め、それぞれのエピソードの終局で、結末を急ぐような救いが見られたのも、それで良かったのかどうか。

消去法という意味は、そういうことだ。さらに言えば、「硫黄島からの手紙」や、作品賞の候補にさえ入らなかった「ドリームガールズ」などが受賞に届かず、質の問題を超えた複雑な側面もあったろうと思う。とにかく後味が悪いアカデミー賞であった。

★★★★★ 2007年洋画興行収入ベスト10 ★★★★★

順位	作品名	興収（単位：億円）	配給会社
1	パイレーツ・オブ・カリビアン ワールド・エンド	109.0	WDS
2	ハリーポッターと不死鳥の騎士団	94.0	WB
3	スパイダーマン3	71.2	SPE
4	硫黄島からの手紙	51.0	WB
5	トランスフォーマー	40.1	UIP
6	ダイハード4.0	39.1	FOX
7	レミーのおいしいレストラン	39.0	WDS
8	ナイトミュージアム	35.7	FOX
9	オーシャンズ13	32.0	WB
10	バイオハザードⅢ	28.5	SPE

洋画の興行収入が前年比9.3%増。「パイレーツ・オブ・カリビアン」「ハリーポッター」「スパイダーマン」など、人気シリーズの作品が全体をリードし、邦画の興収を再び上回った。

★

2008年

平成20年

アカデミー賞が地味なのは？

2008年4月下旬

第八十回アカデミー賞は、地味には違いなかったが、私にすれば意外でも何でもない。米映画――ハリウッドが変わったのである。これに、グダグダ言っても仕方がない。おとし、独立系作品がノミネートを賑わし、「クラッシュ」が作品賞に輝いた。この流れは、今のところとどまることを知らない。昨年の作品賞に輝いたのは、「ディパーテッド」だった。その貧相な結果は、昨年書いたとおりだ。

今年で言うなら、「大いなる陰謀」あたりが、アカデミー賞を賑わしてしかるべきだったのではないか。しかし、米国での興行が惨敗。評価も散々で、討ち死に状態になった。レッドフォード、クルーズ、ストリープらが参加した映画にして、この結果である。この手の大手会社による社会派娯楽大作が、話題にならないと、アカデミー賞は地味になる。

地味といえば、「アメリカン・ギャングスター」もそれを促進した一本に数えられる。え、あのシリアスで面白い作品が何故、という声もあろうが、いや、それは違うと思います。ドラマ云々というより、一つ、はっきりと残念だったのが、主役を張ったデンゼル・ワシントンの役柄。運転手から、麻薬王まで上りつめる彼は、本来なら悪の権化である。しかし、ワシントンの俳優としての持ち味である知性とやさしさが、それを裏切ってしまう。

この映画の欠点は、ワシントンがどうしても、マフィアさえ恐れおののく麻薬王には見えないことだと、私は思う。ラスト、極悪でない麻薬王の姿が垣間見られるが、悪の裏にある人間のまっとうさを描こうというのなら、逆に極悪非道の悪の激しさを、まず前面にもってこないと説得力がない。悪の激烈さがあるから、善の部分が意味を持つ。

落ちこぼれ麻薬取締官役のラッセル・クロウがまた、しっくりこない。しがない刑事が、不正に屈せず悪の正体を暴いていくという役柄は、本来なら彼にとって極めて〝おいしい〟はずだった。しかし、お定まり女好き、離婚寸前といった駄目人間が、正義の具現者に徹していくときの演技面での重要な契機が、全く見えないのだ。これはいったい、どうしたことか。

ワシントンという俳優の前述した資質を思う存分生かし、悪の権化として一面的に見られやすい麻薬王という人間像を、市民レベルで描いてみたい。もしこうした意図があったとしても、クロウの性格のフラットな描き方故に、どうも全体的に俳優演出の計測に不備があったように感じられてしまう。ワシントンの女房など、演技以前に見ていられなかった。

だから、彼のお袋役を演じるルビー・ディー一人、目立ってしまうことになる。アカデミー賞助演女優賞ノミネートは納得であり、逆に言えば、彼女が目立つということは、見せ場たっぷりの他の俳優陣のふがいなさが浮き彫りになるということでもある。つけ加えておくなら、七〇年代のハーレムの街の外観が素晴らしかった。麻薬生成所の年季の入ったアパートメントなど見事の一言で、ここでの襲撃シーンは感心した。

つまり、映画自体はドラマ全体を含め、いい志を持ったギャング映画なのである。これに、異論はない。しかしその中核を担う主要な俳優陣の資質ないし演技力不足のために、映画は自家撞着に陥った。米映画不振の一端を象徴する作品だと思う。

彼岸の人アントン・シガー

2008年5月上旬

今年（第八十回）のアカデミー賞で作品賞など4部門の受賞を果たした「ノーカントリー」は、圧倒的ということではないが、その面白さは天下一品であった。二つ、興味深い視点があると思った。社会派作品としての側面と、アンチヒーロー映画としての側面である。この両義性のなかに、本作の尽きぬ魅力がある。毎回言うが、アカデミー賞の作品賞は、娯楽一辺倒の作品には、なかなか与えられない。そこに社会性、芸術性のプラスアルファがあってこそ、受賞の栄光に浴することができる。

「ノーカントリー」は、そのバランスが微妙な作品だった。社会性の衣を充分に身にまといながら、殺人鬼アントン・シガーの存在感が、否が応でも前面に突出してしまうのである。そのあたりの描写の妙をじっくり見ないと、本作の魅力は掴まえ切れない。あまりふさわしくないが、私は黒澤明監督の「酔いどれ天使」における三船敏郎を思い出した。社会派的な側面を飛び出して、悪が魅力的に見えてしまう。これが、映画の面白さの一端であることは言うまでもない。

舞台装置が素晴らしい。荒野で死に絶えた数々の死体を見よ。まさに惨劇の象徴としてドラマの進行上、実に重要なシーンであるのだが、その計算されつくした死体の配置やら死体の様に、言いようのない動揺を強いられる。これはまぎれもなく、映画表現の一つの到達点だろう。さらに、モーテル、洋品店、雑貨屋などにいる老人たちからプールで陣どる娼婦まで、この人たちの只ならぬ風情は、いったい何だ。

シガーは、リアリズムを狙ったとはとても思えないこうした舞台装置のなかで、一人黙々と殺人を実行し続ける。観た人誰もが〝はまる〟に違いない彼所有の殺人酸素ボンベが目を見張る。既存の道具らしいが、これを映画で使ったことの〝発見〟は、黒澤映画の小道具やら撮影手法の斬新さを、またも思い起こす。映画の神に見つめられると、こういう小道具が登場する。

本作のもっともいいシーンは、シガーが一人、負傷した足に自身で注射針を刺し、傷を淡々と手当てしていくところだろう。こういうシーンが意味を持つ映画は、本当に久しぶりではないか。生存することのとてつもなさが、このシーンにはある。鬼畜としての犯罪者の像も、米国の病理の深淵を探っていく真摯な試みも、このシーンを前に吹っ飛んでいく。善悪の彼岸に、映画が疾走していく瞬間である。これを感得したくて私など、映画を観続けていると言っていいほどなのだ。

大金を手にして追われる男が、傷だらけになりながら、通りを歩いてきた青年から上着を買い受けるシーンがある。血だらけの上半身を隠すためなのだが、ラストにも負傷したシガーが、通りがかりの少年に上着をねだるシーンが出てくる。衣服をめぐるこの共通性が、妙に心に残った。

おそらく、追う者、追われる者二人の間を通底している動物的な生存の根拠を示したかったのではないか。〝派手な〟シガーの陰に隠れていたが、追われる男モスもまた、凄まじい精神力の持ち主だった。

アカデミー賞の作品賞は当然というより、よくぞこの作品に受賞を与えたというのが、私の偽らざる感想だ。前回の続きで言うなら、地味もまた良し、ということになる。

★★★★★ 2008年洋画興行収入ベスト10 ★★★★★

順位	作品名	興収（単位：億円）	配給会社
1	インディ・ジョーンズ クリスタル・スカルの王国	57.1	パラマウント
2	レッドクリフ Part1	50.5	東宝東和／エイベックス
3	アイ・アム・レジェンド	43.1	WB
4	ライラの冒険 黄金の羅針盤	37.5	松竹／GAGA
5	ハンコック	31.0	SPE
6	ナルニア国物語／第２章 カスピアン王子の角笛	30.0	Disney
7	魔法にかけられて	29.1	Disney
8	ナショナル・トレジャー リンカーン暗殺者の日記	25.8	Disney
9	ウォンテッド	25.0	東宝東和
10	アース	24.0	GAGA

洋画の興行収入が大きく落ち込んだ2008年。ジョン・ウー監督による中国のアクション映画が２位。アメリカ映画の魅力が減り、若い観客の「保守化」も邦画支持の一因か。

2009年

平成21年

どうなるのか、3D映画元年

2009年9月下旬

3D映画元年とも言われている今年（〇九年）だが、その意味は、本当のところはよくわからないというのが実情だと思う。その格好の判断材料となる3D映画が、この夏に何本か公開された。「モンスターvsエイリアン」「ボルト」「アイス・エイジ3 ティラノのおとしもの」などの米国映画に加えて「劇場版仮面ライダー ディケイド オールライダー対大ショッカー」の併映として上映された「侍戦隊シンケンジャー THE MOVIE」などで、その成否が映画界の注目を集めたのだった。

成否とは、興行上のメリットが、どの程度あったのかということに尽きる。結論を言ってしまえば、それほど興行にはプラスになっている成果は見出せなかった。3Dだから、明確に動員が上がったという わかりやすい興行の結果が出なかったということである。併映作品が3D映画という「仮面ライダー」を除けば、前記三作品の興収トップは「ボルト」の十七億円前後。後の二作品は一〇億円に達しなかった。

いくつか、問題点を指摘できる。まず一つは、3D映画が、映画の魅力を大きく促すことがなかったと考えられることだ。その点に関しては、もちろん人それぞれの感想があろう。ただ、私の判断では、その魅力は大きくないように見えた。たとえば、私が観た「ボルト」だが、この3D映画に接して、2D方式での上映と明らかな違いがあったかと言われれば、それほどなかったと答えるしかない。

昨年観た「センター・オブ・ジ・アース」は、明らかに立体映像に新規性があったと思う。それは、観客側に極度に迫ってくる立体映像の突出性が担い、そこには驚かせるという3Dの根本理念が息づいていた。いわば、見せ物に徹した新規性があった。しかし、「ボルト」となると、立体映像の驚きが減った。

おそらく、それは製作側がかなり意識的に、その突出性の除去を行ったのではないかと推測される。ファミリー映画である「ボルト」に接するのは、当然ながら子どもたちが多い。つまり、子どもたちへの強い刺激を、幾分和らげる狙いが、突出性の除去に見え隠れしたのだ。3D映画は、立体映像の突出性にこそ真骨頂があると思われるのに、ここでは、その魅力の度合いが弱くなっているという逆立した現象さえ起こっていた。

　別の視点では、こういう意見も聞いた。米国映画のＣＧアニメそのものが、興行的な閉塞感に陥っている。だから、３Ｄ映画の効果を言う以前に、米製ＣＧアニメが陥っている今の日本の興行の現状が問題なのだと。確かにそれはそうなのだが、そうした現状を打破する意味合いがあったのが、まさに3Ｄ映画ではなかったのか。

　こういう、ちょっと嫌な話も聞いた。３Ｄ映画には、劇場配布のメガネを着用するのだが、持ち帰ることもできる場合がある。それを持ち帰った観客の一人が、後日別作品の３Ｄ映画の入場の際、メガネをもってきたので通常料金にしてくれと、ごねたというのだ。料金体系含め、まあ今後、いろいろ問題は出てこよう。さらに後日、３Ｄ映画の魅力は映像の突出性のみではないという話も聞いた。映画内部に、あたかも観客が入り込めるような疑似体験を促すことも、３Ｄ映画の大きな魅力になるというのだ。その点は、果たして今後どうなるのか。注目したいところではある。

マイケル映画、日本を制す

2010年1月上旬

米映画の〇九年のメインイベントが、本当に遅まきながらやってきた。「マイケル・ジャクソン THIS IS IT」の興行が、半端ではなかったのだ。今後のために、ちゃんと成績を記述しておこう。十月二十八日から十一月二十七日までの四週間と三日間の一興行成績で、興収四四億二百万円（動員は三五二万人）を記録。一週間のアベレージだけを見れば、歴代の最高成績だった。

ついでだ、私の行動も記録しておこう。十一月二十六日の木曜日に観ようと、都内・品川に赴いた。ここのシネコンは、まず混み合わない。異常な盛り上がりながら、ここなら大丈夫だろうとの目算があった。二十一時近くの開映の回に間に合わすべく、十九時ごろ着いたのはいいが、すでにチケットはなかった。二十七日の翌日を目指した。

こうなると、品川のみならず定員制の都内のシネコンは、まずだめだろう。そこで浮上したのが、あの歌舞伎町・新宿ミラノである。確か、旧新宿東急で上映していたから、あの広さなら、何とかなるだろう。それも、第一回上映時なら。このときでも、観られないかもしれないという妙な覚悟が必要だったのだから、まあとんでもないことにはなっていた。

ちゃっかり安チケットを買い、十一時二十分ごろ歌舞伎町に赴くと、いやあ、感動した。旧新宿東急ではなく、ミラノ1で上映していた。今や都内だけではなく、日本でもっとも大きな座席数を誇る一二八八席の劇場なら、まず大丈夫だ。入った。いい席に座れた。シネコンと違い、自由に入れるミラノは偉い。こういうときもあるのだ。ミラノよ、残ってくれ。

それはともかく、「マイケル〜」は、米国ではそれほど大ヒットはしていない。米国以外の海外では、日本がとくに突出している。米国の八千万ドルほどの興収に対し、日本はドル換算で約五千万ドル。ありえない数字である。確か、「A．I．」のときも日本の興収シェアが高く話題になったと思うが、今回もそれに負けてはいない。

こんなとんでもない興行を展開した「マイケル〜」だが、日本での尋常ではない大ヒットの理由はいろいろあろう。マイケルの衝撃の死、そこから広がった話題性の大きさが一番だろうが、私がそれとともに挙げたいのは、非日常性が生み出す快感である。これは、マイケル自身が映画のなかで言っている。「(コンサートで) 非日常の魅力を提供する」と。

音楽とミックスとなった彼のパフォーマンス。彼が見せる激しい肉体の動きと、艶やかな声質。全身からにじみ出てくる非日常的乱舞に、日本の老若男女たちは、今の日本では出現しようもない魅力を強く感じたのだと思う。そこには、肉体の生々しさが生む野性的な感じはない。肉体のベクトルに、過去 (アナログ) から未来 (デジタル) へ突き抜けていくような感覚があり、これが快感を伴うのだ。

米国の興行は、マイケルファンが中心だったのだろう。日本では、ファンを飛び越えている。その非日常性は、日本人がよりよく理解したのだと言える。

――と、書いてきたら、何と、十二月十九日から、一部の劇場でアンコール上映が始まるという情報が入ってきた。ウーン、何だったのか、私の苦労は。

★★★★★ 2009年洋画興行収入ベスト10 ★★★★★

順位	作品名	興収（単位：億円）	配給会社
1	ハリー・ポッターと謎のプリンス	80.0	WB
2	レッドクリフ PartⅡ 未来への最終決戦	55.5	東宝東和／エイベックス
3	マイケル・ジャクソン THIS IS IT	52.0	SPE
4	WALL・E ウォーリー	40.0	WDS
5	2012	38.0	SPE
6	天使と悪魔	33.5	SPE
7	ターミネーター 4	33.2	SPE
8	マンマ・ミーア！	26.0	東宝東和
9	地球が静止する日	24.1	FOX
10	ベンジャミン・バトン 数奇な人生	24.0	WB

3年ぶりに前年興行収入を上回った2009年、邦画優位が続き、過去最高を記録。洋画は微増。「THIS IS IT」は10月からの期間限定上映にもかかわらず健闘。

2010年

平成22年

上半期、最大トピックは3D映画

2010年8月上旬

A　今年（一〇年）上半期の映画界の大きなトピックの一つ、3D映画について、語ってもらおうと思うのだが。

B　ちょっと、データを見てもらおう。驚くから。邦画と洋画を合わせた上半期の作品別の興収では、「アバター」（一五五億円）、「アリス・イン・ワンダーランド」（一一八億円）、「カールじいさんの空飛ぶ家」（五〇億円）という3D映画が、ベスト3になった。

A　三本で、三二三億円か。このシェアは凄い。何故、ここまで数字が伸びたのだろうか。

C　映画の中身に、インパクトがあったからだろうね。3Dという特性だけでは、そこまでの数字の伸びはありえないでしょう。

A なるほど。昨年の〇九年が、3D映画元年と言われたわけだが、そうならなかった。それは、何本かあった3D映画の中身に、それほどの力がなかったということか。

B ただ、中身の意味を、分ける必要があるのではないか。中身そのものが、3Dと大きくかかわっていた「アバター」。3Dが、中身の魅力を押し上げた格好の「アリス」と「カールじいさん」。自ずから、中身の意味が違うと思う。

C 確かに、そうだ。3Dの映像機材で撮られ、3Dの技術の粋を結晶化させた「アバター」には、奥行きのある映像の深さ、吸い寄せられるような映画の新たな魅力があった。

B それは、体感的な映画体験と言っていいのではないか。もちろん、これまでもそうした呼び名の映画体験はあったのだろうが、それとは根本的に違うもののような気がした。

A 「センター・オブ・ジ・アース」などに顕著だった飛び出し3Dから、奥行き型3Dへの移行のなかで、3D映画の認知がなされたということか。

B そこは、押さえておかないと。3D＝立体という概念にあった飛び出し映像。つまりそれは、驚きやショックを観客たちに与える意味があったのだが、それが奥行き感に転化されたことで、強靭な大衆性を獲得したということです。驚きやショックの一過性ではなく、より持続力のある精神世界のようなものの体感性を生起させている。

C その映像の体感性に、大きな魅力を抱いた観客が、次の「アリス」の興行にうまくつながったよね。

B　真打ち「アバター」が、早い段階で登場したのは、３Ｄ映画の認知という点で、非常に良かったのだよ。

A　ただし、高い入場料金、画面の暗さ、疲労含めた観客の肉体面への影響などの問題点も出ている。３Ｄ映画そのものへの懐疑もあるし。

C　入場料金に関して言えば、そのアップ分こそが、日米含め、映画興行の収益を押し上げている現実は、否定できない。国内を見れば、３Ｄ映画の平均単価は、一般的な単価より二〇〇円以上高い。

B　単純に考えて、上半期は昨年の10％近く興収がアップしているのだが、それは３Ｄ映画の料金が大きな要因というわけだ。

A　あ、そうそう。後付け３Ｄ映画については。

C　「アリス」とぶつかった「のだめカンタービレ」後編が、数字を落としたから、「海猿」第三弾が、後付け３Ｄ映画になったという話も聞いた。

A　ふーん。「バトル・ロワイアル」の３Ｄ版といい、大丈夫かね。

B　いずれにしろ３Ｄ映画は、映画産業を変えつつあるのは事実なんだから、安易な肯定、否定ではなく、冷静な分析と判断をしていきたいね。

★★★★★ 2010年洋画興行収入ベスト10 ★★★★★

順位	作品名	興収（単位：億円）	配給会社
1	アバター	156.0	FOX
2	アリス・イン・ワンダーランド	118.0	WDS
3	トイ・ストーリー3	108.0	WDS
4	カールじいさんの空飛ぶ家	50.0	WDS
5	バイオハザードIV アフターライフ	47.0	SPE
6	インセプション	35.0	WB
7	オーシャンズ	25.0	GAGA
8	ナイト&デイ	23.1	FOX
9	シャーロック・ホームズ	21.6	WB
10	ソルト	20.5	SPE

３D洋画を中心にヒット作品が続出し、映画興行収入は過去最高。入場者数も3% 増の約１億7435万人で、2000年以降で最高を記録した。その一方で、ミニシアターの閉館・休館が相次ぐ。

2011年

平成23年

洋画はいったいどこへ行くのか

2011年7月下旬

　東日本大震災発生から四ヶ月近くが経とうとしている。収束しない事態に、多くの人が暗澹たる思いでいることだろう。映画界では、六月中旬段階で休館していた九サイトのシネコンが、一部を残して、夏ごろまでには再開の見通しが立ってきた。これはいいニュースではあるが、前に再開したシネコンも含め、今後、大震災と同程度かそれ以上の揺れがあった場合の耐震具合は万全なのかどうか。

　天井部分の損傷を被ったシネコンが多かった原因は、釣り天井と言われる構造上の問題が大きかった。屋上部分から天井を吊り下げている造りが多く、しかもその間隔が広い。激しい揺れによって天井部分がダメージを受け、落下したケースも見られた。だから、以前と同じ修復では危ないのである。より強固で慎重な対応をしているとは思うが、私は少し気になった。

さて、映画界のこの上半期である。作品別の興収を見て、少し唖然とした。最終興収で一〇億円以上の洋画は一二本あったのだが、これは何と、推定で一六本ほどあった東宝の配給作品より少なかったのである。洋画の不調は、相変わらず続いているのか。東宝が凄すぎるのか。そうした二分法はともかく、この数字の推移のなかに、今の洋画の現状が見えてくる。

要点は幾つかあるが、ここでは三点に絞る。一つ目が３Ｄ映画の低迷である。二〇億円を超えた３Ｄ映画は四作品ほどあったが、その効果のほどは、昨年前半と比べて大きく下がった。これは逆に言えば、入場料金の高い３Ｄ版があったからこそ、かろうじて無難な興収にとどまったとも指摘できる。３Ｄ版がなければ、もっと成績は悪い。そう考えると、３Ｄ映画の存在感はあるのだが、下げ止まりの〝効果〟ではまずい。

低迷の理由は、単純だ。３Ｄ映画で観る必要が揺らいだからである。画像が暗く、３Ｄの意味がない作品が多い。これに、人々は気がついてきた。別な事態も、考えないといけない。高い料金の３Ｄ版だから、観るのをやめる。それを裏付けるデータはないが、２Ｄ版を観たいのに、上映していなかったらあり得るのではないか。３Ｄ映画が、観客を遠ざける事態も考える必要が出てきた。

スター映画の低迷も、相変わらずであった。その象徴的な作品が、二〇億円に届かなかった「ツーリスト」だろう。米国のスターは、知名度はあるが、映画興行を特権的に光輝かせる存在ではなくなったのである。今さら、ここで指摘するまでもない。要は日本映画も米映画も、スターは題材、中身しだいということになった。寂しいことではあるが、他国は知らず、日本の観客のこの変貌は今や止めることはできはしない。

三つ目、アカデミー賞受賞作品が、久しぶりに好成績を収めたことが、さらに題材、中身のもつ重要性を裏付けた。「ブラック・スワン」と「英国王のスピーチ」のヒットは、受賞効果とともに、興行自体に〝本物感〟があった。観客が関心をもち、それに十分応えることのできる作品の本物感である。関心の手前で逡巡が見られた感のあるここ数年の受賞作品だが、今回は十分な見識を示した。

米映画の光と影。この夏は、派手な3D映画が多く登場する。3D映画の低迷ぶりに、反転の余地がどう見えるか見えないか。期待薄なスター映画はともかく、実のある作品はどこから出現するか。米映画の低迷ぶりは、見方によっては面白さを内在させているとも言える。

メル・ギブソンがやってくれた

2011年9月上旬

　こういうことが、映画にはまだあるのだな。いや、面白い、面白い。それを説明する前に、まず前段の話から入っていけば——。東宝が新シネコンを建設すると決定したこともあり、七月三一日、久しぶりに新宿・歌舞伎町に出かけてみたのである。愕然とした。旧新宿コマ劇場、旧新宿東宝会館前の広場が、ちょっと空恐ろしいくらいに荒廃していたからである。かつての日本一の映画館街が、今や風前の灯であった。

　東宝のシネコンができるまでは、このような状態が続くのではないか。暗澹たる思いで、目指す映画、英国＝米国合作の「復讐捜査線」を観るべく、新宿ミラノ1に入った。常識的に考えて、これはかなり異様な番組だと言えよう。夏興行の真っただ中、大劇場のミラノ1で上映されるような作品ではない。いったい、何があったのかといった思いを抱きつつも、そんなことはお構いなし、作品に妙な期待感があったのだ。

映画に対するときの長年の勘とでも言おうか。私生活なども含め、決して順風満帆ではなかった最近のメル・ギブソン、八年ぶりの主役というのに、ちょっとそそられた。あのミッキー・ロークの例を挙げるまでもなく、ハリウッドはときとして、うれしい〝逆転劇〟をしゃあしゃあとやってのける。映画を観終わり、幸福感に浸っている私がいた。案の定、とはあえて言うまい。素直に素晴らしい作品だったのである。

顔に刻まれた深い皺と少し薄くなった頭髪、かつての精悍さからはほど遠いように見えた彼の風貌が、まことにいい味を出していた。渋みを携えて、いいように年をとったというのとも、いささか違う。ギラギラ感が年とともにそぎ落とされ、全体のバランスが良くなったということでもない。彼の今の年とったそのままの風貌、演技のすべてが、映画にすんなりと溶け込んでいる素晴らしさと言ったらいいだろうか。もちろん、それだけなら、驚くことはなかった。

映画は、ギブソン演じる刑事が、自身の娘が目の前で何者かに射殺されたことから、犯人の所在を執拗に探っていく物語の形をとる。これだけなら、よくある復讐劇的なアクションものに過ぎない。しかし、本作はその殺害シーンの意表をつく展開から、全く独自な描写、物語の進展をもっていた。私が驚いたのは、捜査の過程でギブソンが、いつのまにか強くなっていくことだ。とともに、それがいわゆるヒーロー然とした強さとは一線を画していたことにも目を見張った。

しだいに露わになる暴力の切れ味の良さや、敵を追い詰めていく彼の機敏な行動が、ヒーロー的な強さに結実しないのがいい。これは、ギブソンの年とった風貌と、悲痛さをかかえた役柄的な要素が渾然一体となったからこそ、画面に立ち現れたのではないか。物語の進行上、ヒーロー的な主人公の役回りを任されているのに、ギブソンの肉体がそれを跳ね返すのである。ギブソンが映画に溶け込むとは、こうしたことであろう。

ラスト近くの怒濤のアクション描写にも、度肝を抜かれた。追い詰めた敵に、彼は〝あるもの〟をぶちかます。ここはすごい。怒りの発露というより、そこだけスコーンと抜けたような描写の陥没地帯が現出した感じがあり、私は思わず「ヨシ」と声を上げてしまった。情報の欠如と不思議な巡り合わせ。こういうことが、映画にはまだあるのだな。

スピルバーグの〝冒険〟に酔う

2012年1月上旬

　この一二月。二〇一二年の正月興行作品において、とんでもないことが起こった。邦画アニメーションの「映画　けいおん！」が、「タンタンの冒険／ユニコーン号の秘密」を上回る興行スタートを見せたのである。一二月三、四日の二日間で、前者（一三七館）が三億一六三一万円。後者（八九五スクリーン）が二億一九二九万円の興収だった。上映館数と興収の兼ね合いを見れば、大変なことが起こっているのがわかるだろう。

　私は、スティーヴン・スピルバーグ監督の「タンタンの冒険」に問答無用に興奮した。この作品は言ってみれば、スピルバーグの壮大な個人映画ではないのか。彼本人が、まるで初めてカメラを回したかのような演出の熱狂ぶりが随所に垣間見られて、そこから紡ぎ出される映像の肌触りがとても新鮮に感じられたのである。

もちろん、それを本人のみが愛玩的に喜んでいるだけならば、何も心を打つことはない。しかし、その尋常ならざる熱狂ぶりの先に、二つの両極を目指すことになるだろう映画の未知なる〝冒険〟があった。それは、映画の新たな可能性と、それとは裏腹な映画ならざる地平へ踏み込んだかのような道筋。その両極の揺れ動きのなかに、本作の描写の数々が、まるで宝物のように随所に散りばめられていたのが感動的だった。

では、その両極の意味とは何か。たとえば、鏡や虫メガネなどの小道具を大切そうに取り入れ、その表層に登場人物が写されるように配置してみる。こんな映画少年のような企みが、とても新鮮に見えたりした。細部に宿るその映像効果を、実写では覚束ない技術の破片が華麗に彩って見せる。

あるいは、監督独特の絶対助かるわけがないハラハラドキドキの描写とその苦難を、難なくかいくぐっていく主人公。その狂的な行動力を、度外れた疾走感で描いていく。スピルバーグの映画への熱い魂が、画面の随所にほとばしると言ったらいいか。それらの描写はかつて、荒唐無稽とも呼ばれた気もするが、もはやそんな言葉の遊びではすまされない。というより、一回観ただけでは、描写の膨大な〝情報量〟の把握などできはしないのである。

だが、その映画への熱い魂が、映画とは別な領域に入り込まんとする映画の罠もまた、本作には貼りめぐらされている。ここが、何とも恐ろしいところであった。映画の罠。たとえば、限りなく人間に近い動きをもつ登場人物に、果たして映画の血は通うのか。あるいは、描写の徹底性にこだわるあまり、物語がどこかでおざなりにされてはいないか。また、実写にできない描写を可能にしたところで、それが人々の関心をどれほどつかむことができるのか。

これらの疑問は、本作が従来の映画の枠を飛び超えたがために、当然起こってくるものだろう。どこか、映画ならざる領域に踏み込んだ作品に感じられてきた。冒頭で述べた興行状況は、この疑問の積み重ねで、ある程度説明ができるのだ。ただ私は、さきに指摘した映画の冒険と境を接するかのような映画ならざるものへの指向性もまた、映画の計り知れない魅力のなかに包含されていくような印象をもつ。

映画は、一つの凝り固まった概念ではない。そこでは、無秩序で荒々しくも未知な息吹がとぐろをまく。その息吹が、小さな破片の集積のなかで光り輝いている作品。それが「タンタンの冒険」だと、私は思っている。

★★★★★ 2011年洋画興行収入ベスト10 ★★★★★

順位	作品名	興収（単位：億円）	配給会社
1	ハリー・ポッターと死の秘宝 PART 2	96.7	WB
2	パイレーツ・オブ・カリビアン／生命の泉	88.7	WDS
3	ハリー・ポッターと死の秘宝 PART1	68.6	WB
4	トランスフォーマー／ダークサイド・ムーン	42.5	PPJ
5	カーズ 2	30.1	WDS
6	ナルニア国物語 第 3 章：アスラン王と魔法の島	26.9	FOX
7	塔の上のラプンツェル	25.6	WDS
8	猿の惑星：創世記 (ジェネシス)	24.2	FOX
9	ブラック・スワン	23.9	FOX
10	トロン：レガシー	21.2	WDS

東日本大震災に見舞われた 2011 年の興行収入は前年比 17.9% 減、入場者数 17% 減。国内のスクリーン数が 18 年ぶりに減少に転じ、地方の独立系映画館が苦境に追い込まれる。

2012年

平成24年

「J・エドガー」と映画の崩壊

2012年3月上旬

例によって、今さらではあるが、クリント・イーストウッド監督の「J・エドガー」には痺れた。二月一日の映画サービスデーを避け、翌日の二日に丸の内ピカデリーに赴くと、意外に多い数の観客に少々驚いた。とともに、多くが年配者であったことに、微妙な感慨ももった。自身も確実にその〝仲間入り〟なのだから、人のことは言えないのだが、ディカプリオ主演作であっても、今やこうした年齢の人たちが観客の主流をなしている。ディカプリオファンの若い層（?）は、いったいどこへ行ってしまったのか。

ところで、本作は丸の内ピカデリーをメインにしながら、全国の上映館は一三八スクリーンでスタートした。これは、かなり絞り込んだ劇場数だと言える。私は常々、公開劇場の数は、作品の中身に合わせて決められるべきだとの考えをもっている。だが、この作品の上映館数には疑問をもった。少々、用心し過ぎの感がなかったか。二〇〇スクリーン以上は開けて、ある程度勝負に出ても良かったのではないか。

理由は、二つある。最近のイーストウッド作品の実績と、本作の中身のありようである。「グラン・トリノ」(一一億円)、「チェンジリング」(一二億八千万円)、「インビクタス　負けざる者たち」(八億六千万円)、「ヒア　アフター」(七億円)。〇九年から一一年にかけてのこの三年間の作品別興収がこれで、大ヒットとは言えないが、安定しているといえば、安定している。「J・エドガー」は当然、これらの成績を一つの視野に入れても何らおかしくなかった。

中身に関しては、FBI初代長官のJ・エドガーを主人公に、戦前から戦後にかけての米国の政治情勢や大事件の数々を描いていくもので、これなら関心度が高くなると判断してもいいのではないか。しかも、ディカプリオが主演である。一三八スクリーンというのは、宣伝費もかなり抑えられることを意味する。百歩譲って、昨今の厳しい洋画事情からリスク軽減を最優先に考えたとしても、こうした〝布陣〟は、興行の勝負放棄と捉えられかねない。

映画に痺れた理由を挙げておくなら、米国という国家を育む暴力のありようが、またしてもイーストウッド監督の作品のなかで膨れ上がってきたからだ。近年の彼の作品では、「ミスティック・リバー」がどす黒い暴力の風土性を描いて見事であった。「J・エドガー」は、米国の〝暴力史〟を連鎖させて迫力があった。もちろん、公式的な善悪の暴力史ではない。国家と個（エドガー）の激烈な関係を描く過程で、映画に混濁した視線が混じっていくのが、本作の醍醐味であろう。いつの間にか、エドガーをいつくしむかのように、あからさまな愛欲シーンが登場したりする。その潔くも力強い描写に、観る者は静かに痺れるしかない。エドガー寄りの混濁した視線が、国家と個の安直な善悪二元論を覆す。

作品の大まかな外観とわが作品の印象のなかに、本作の特異な面が露わになってくる。これが映画の凄味であり、映画の価値の多様性というものである。これを広く伝えることを、ハナから放棄している映画の仕事とはいったい何なのか。本作の興収は五億円に届くかどうか。興行の幅が、どんどん狭くなっていくのを見るのはつらい。このような閉じられた映画興行を続けていけば、あまり使いたくない言葉ではあるが、映画は崩壊していくのみだろう。関係者には、一考してもらいたい。

映画をまっとうに観るつまらなさ

2012年6月下旬

ある作品をめぐって、配給畑の映画関係者と〝激論〟した。その作品は、五月一二日（一二年）から公開された米映画の「幸せの教室」である。驚く向きもあろう。他に激論すべき作品があるだろうと。全く仰せのとおりだが、激論の内容が、最近、私が映画の評価について感じていることに、ダイレクトにつながっていたのだから、致し方ない。それは、映画の見方の多様さを起点にしており、その複雑さに少しでも分け入ることができたのが、私は非常に面白かった。

論敵である相手は、まずこう切り出した。リストラされた中年男のラリー（トム・ハンクス）は、大学で経済学の授業を受けるのだが、「その授業がラリーの就職活動とどうかかわるのか、よくわからない」。さらに、「ジュリア・ロバーツの先生は、いったい何を教えているのかもわからない」。経済学の授業と、ラリーはどうかかわっているのか。ロバーツ演じる教師の授業は、自己啓発のセミナーのようにも見えるが、それが明確になっているわけではない。だから、ラリーと授業の関係がはっきりしていないのは、そこだけ見れば、確かにそうなのである。

ラリーと授業の関係は、再就職のためにどういった役割をもっているのか。これが終始曖昧なままなので、その辻褄を真面目に突き詰めていく（考えていく）論敵は、映画に入っていけなかったのだろう。ただ、それを言うなら、本作の発端からして、かなりおかしくはなかったか。大卒でないから、いきなりリストラされること自体、全くリアリティはないからだ（詳しい説明があれば、別だが）。さらに、ラリーが就職活動のために大学で授業を受けるという設定そのものも、いつの間にか影をひそめていく。

つまり、理詰めでいけば、至るところで混乱をきたす作品であるのは、誰が観ても明らかなのである。ラリーと学生の能天気な交流ぶり、ラリーと女教師の恋愛展開など、物語的にボロボロでさえあるとも言っていい。ただ本作の狙いは、そのようなところには、ない。そう気づいていくあたりから、俄然面白くなった。もちろん、狙いは前記のところにはないとして、そうした設定の辻褄が合わなくていいのかという問題は浮上する。論敵は、辻褄の合わない多くの描写から、作品を全否定した。私は辻妻を脇にやり、卓抜なセリフの数々が人間関係の豊かさを引き寄せ、それが厳しい経済環境などをはね返していく原動力になっているような映画の〝構造〟の方を心地よく感じた。

以上が、激論の中身である。三つのことが言えると思う。物語の辻妻は合わなくても、他の数々の描写に魅力的なところが多々ある場合、その作品の評価はどうなるのか。そのとき、辻妻と他の魅力のバランス（比重）が、問題になるのかどうか。他の魅力は人によって感じ方が違う場合も多いので、事態はさらに厄介になろう。映画の多様性と簡単に言うが、その内実はかなり奥深いというのが、以上の三点から見えてくる。

映画を、あまりにまっとうに観る傾向が、最近強い気がしてならない。まっとうとは、辻妻、物語の進行ばかりに目が行き、映画にちりばめられた破片のような魅力が、なおざりにされていることを表す。遊び、脱線の破片のような魅力は、映画にとって、とても大切な要素である。そのかけらを面白いと感じる感覚が、摩滅しつつあると、私は思っている。これには、プロの評者も一般観客の別もない。

★★★★★ 2012年洋画興行収入ベスト10 ★★★★★

順位	作品名	興収（単位：億円）	配給会社
1	ミッションインポッシブル／ゴースト・プロトコル	53.8	PPJ
2	バイオハザードV リトリビューション	38.1	SPE
3	アベンジャーズ	36.1	WDS
4	アメイジング・スパイダーマン	31.6	SPE
5	メン・イン・ブラック3	31.3	東宝東和
6	ダーク・シャドウ	21.6	WB
7	マダガスカル3	20.5	PPJ
8	ダークナイト ライジング	19.7	WB
9	シャーロック・ホームズ シャドウ ゲーム	19.5	WB
10	ＴＩＭＥ／タイム	18.2	FOX

興行収入の落ち込みを回復できなかった2012年。原因は洋画の低迷である。1月から4月までに公開された作品が、どれも興行収入20億円を超えなかった。

2013年

平成25年

ハリウッドよ、いい加減にしろ

2013年3月下旬

　ハリウッドが、またやってしまったか。「ダイ・ハード　ラスト・デイ」を観て、そう感じた。チェルノブイリ（当時の地名）である。ラスト近くなり、チェルノブイリ原発の〝廃墟〟に、ジョン・マクレーンが、息子と向かう。「グルノーブルに行くのか」とか、「ペンキを塗れば、新都市になるなあ」とか、言いたい放題である。何故、二人がこの地に赴くのかは説明しないが、チェルノブイリは、明らかに放射能まみれの恐ろしい場所という設定になっている。だが、描写を観ていく限りでは、そうなってはいない。

　敵方が、放射能を中和する薬品を使用する。これで、敵方はマスクをとるのだが、マクレーンはマスクの着用には一切関心がない。大量に隠されている濃縮ウランの近くで、ひんぱんに爆破が起こる。相当危ないシーンなのに、そうした切迫感は全くない。二人がプールに飛び込むシーンでも、マクレーンが「大丈夫か」と息子に聞くと、「髪が抜けるくらいだよ」と言い、「マクレーン家は不死身だ」とくる。すべて、これである。チェルノブイリ原発は、恐ろしい場所であると匂わせながら、放射能には無頓着なのだ。

つまるところ、本作において、原発、核は娯楽的な描写を構成する一つの意匠に過ぎない。意匠とは素材である。それは他の米映画でも、扱いの違いはあるにしろ、今のところほぼ同じである。「インディ・ジョーンズ／クリスタル・スカルの王国」はじめ、昨年では「ダークナイト　ライジング」も、核を一つの意匠として描いた。今、この意匠としての扱いが、世界まではわからないが、国内においては、とてつもなく重いわだかまりをもつところまできた。

「ダイ・ハード～」は、貧弱なアクション映画であった。アクション描写そのものに工夫がなく、また人間描写も単調で、原発云々を抜きにしても、それほど語るべき作品ではなかった。だから、本作を否定して事足れり、なのではない。原発、核に対する無頓着な描写の数々を内包しつつ、本作がもし素晴らしいアクション映画になっていたら、どのように評価されるだろうかと考えるべきだ。意匠としての原発、核は、中身自体の全体像と、どのような関係を結ぶのか。全体像を無視して意匠としての扱いを言挙げし、作品そのものを否定していいのか。また別の見方では、原発、核が無頓着に扱われたとしても、それは全体のクオリティを損なうものではないと考えるべきなのか。この判断が、今とても難しいのだ。さきの「ダークナイト～」は、そのラストにヒリヒリはしたが、全体の評価を損なっていないと思った。それは、扱いが限界を超えていなかったと、私が判断したからに他ならない。だが、損なうとした人もいたろう。その分岐点は、いったい何なのか。それは、映画の根本理念とも、深くかかわりをもっているものかもしれない。

原発、核がからんだ娯楽映画の評価軸をどう捉えていくか。そのことは、私のなかではまだ定まってはいない。それは今後、作品との対峙のなかで定まっていくことになるだろう。だが一つ、被爆国であり、福島の原発事故を経験したこの国は、無頓着な意匠としての扱いに対しては、断固とした批判をすべきだと思う。そうしたことのアクションに、この国の人々、メディアは、まさに無頓着である。ハリウッドが、またやってしまったと、陰で哄笑している場合ではない。

★★★★★ 2013年洋画興行収入ベスト10 ★★★★★

順位	作品名	興収（単位：億円）	配給会社
1	モンスターズ・ユニバーシティ	89.6	WDS
2	レ・ミゼラブル	58.9	東宝東和
3	テッド	42.3	東宝東和
4	シュガー・ラッシュ	30.0	WDS
5	００７ スカイフォール	27.5	SPE
6	アイアンマン３	25.7	WDS
7	怪盗グルーのミニオン危機一発	25.0	東宝東和
8	ローン・レンジャー	20.9	WDS
9	ダイ・ハード／ラスト・デイ	20.6	FOX
10	ワイルド・スピード EURO MISSION	20.2	東宝東和

2013年の映画は比較的順調な興行を展開した。ただし洋画の低迷が相変わらず続く。邦画と洋画の興行収入シェアは、邦画がまた優勢となる。宮崎アニメ「風立ちぬ」は興収120億。

2014年

平成26年

スコセッシ、奇跡の道程を往く

２０１４年３月上旬

年末から年明けにかけて、書きたいことが山ほどあったのだが、何事にも鮮度というものがある。ただ、ある映画を観たら、それらが、すべて吹っ飛ばされた。「ウルフ・オブ・ウォールストリート」である。傑作ではない。力作とも違う。妙な違和感さえ抱いたくらいだ。評価の括りが、簡単にできる作品ではない。ただ、まぎれもなくスコセッシ監督の作品である。この時代に、これはとてつもないことだと言える。

本作を観る前に、監督の代表作である「グッドフェローズ」をＶＨＳで観た。観ざるを得なかった。当時、ジョー・ペシの暴力の凄まじさと、登場人物の独白とともに流れていくマフィアの生態の映像、それにかぶる音楽に、言ってみれば、いかれた。今回、ペシの直線的な暴力行使以上に、レイ・リオッタの澄んだ目が、不気味ながらも一点の曇りもないことにも、改めて目を引かれた。

「グッドフェローズ」は、人間の欲望を描いた作品だった。「ウルフ～」も同様である。ただ、この二作品では、根本的な違いがあった。前者のリオッタと、後者のレオナルド・ディカプリオの描かれ方が、全く違っていたのだ。リオッタは、暴力、セックス、クスリと、ある距離感をもちつつ、自身の欲望を吐き出すすべを心得ていた。ディカプリオは、セックス、クスリをやりたい放題で、その激しさはリオッタの比ではない。欲望は、下世話な形で丸出しになっていた。

ここで重要なのは、人間の欲望に対する監督の視点の違いである。前者では、欲望を全的に近い形で受け入れて描いている。後者では、過激性が際立つにつれ、描写自体は激しく力も入っているのに、どこか機能的、パロディめく。リオッタが、理性のかけらを残し、仲間と協調性をもつのに、ディカプリオは、そもそも周囲への意識が稀薄である。リオッタがあれほど魅力的であったのに、ディカプリオは、ただのありふれた強欲男にしか見えてこない。

ラストの違いが、象徴的である。前者では、これからも欲望を貫き通すだろうリオッタの誇らしげな顔が淀みなく捉えられ、『マイ・ウェイ』の曲が流れる。「俺さまは、このまま行くのだ」。逆に後者では、ディカプリオは後景に去り、地下鉄の淀んだ何人かの顔や、金儲けセミナーに参加した異国の民の何気ない顔が強調される。人々の顔の表情は、欲望とは趣の違う普通の生活への憧れ、ディカプリオ的生き方への疑問符のようにも見えるが、そうではない。

スコセッシのなかで、何ものかがせり出してきたのだ。欲望への疑義といったような常識的な姿勢ではない。その先、いわば欲望の際限の無さの恐ろしさである。そのせり出し部分の肥大化が、欲望全開に演出の鞭が入れば入るほど、画面から実感されてきた。人々の顔の羅列もまた、際限の無さの不気味さにつながる。

「ウルフ～」を面白おかしく観る人たちがいる。幸せである。描写自体を追いかけていけば、確かにそうなる。だが、私は苦痛であった。主人公に、何の共感も憧れも抱くことがなかったからだ。ただ、スコセッシである。七〇年代からアメリカン・ニューシネマの旗手として、揺るぎない評価を得てきたこの映画監督が、二〇一四年に「ウルフ～」を送り出してきたことの奇跡のような一貫性を思う。この壮大な作風の一貫性は、世界の映画監督を見渡しても、誰も真似することはできない。

君はどの映画バージョンを選ぶのか

2014年6月上旬

都内・歌舞伎町の新宿ミラノに、相変わらず通っている。これは、以前にも書いた。各シネコンの番組編成を見て、ミラノで上映されている場合は、ここで観るようにしている。〝昭和〟を懐かしんでいるのではない。〝昭和〟云々が放つ嫌な感じとは無縁に、単純にミラノは行きやすいし観やすいのだ。行きやすいのは、私の行動半径に比較的近いからであり、観やすいのは、チケットがすぐ買えるし、混んでいて入れないということがないからである。

何の映画のときだったか、劇場窓口で、「こういう映画館が、まだあるんだ」と驚いていた若いカップルがいた。「ふざけるな」と内心思ったが、悲しいけど現実はそうなっている。だから人には勧めないし、ミラノに向からのは私の執念としか言いようがない。GW中には、「アメイジング・スパイダーマン2」を、ここで観た。普段より観客が入っていて少し安心した。2Dの字幕版であったが、これで十分な感じだった。

ところで、この「アメイジング～」だが、何と十〝バージョン〟で上映されているということを聞いた。2Dの字幕、吹替、3Dの字幕、吹替、IMAX、ドルビーアトモス、AURO、4DX、DBOX、35ミリの計十バージョンである（スクリーン、音響、設備面など）。驚くばかりだが、現実はそうなっている。長くなるから、詳しいバージョンの説明はしない。一つだけ挙げておくなら、4DXとは、椅子が揺れ風や香りなどが体感できる。経験はない。揺れに弱いので、敬遠している。

さて映画及び映画館は、このように、よく言われる差別化の時代が、一段と鮮明になった。映画を送り出す側が、様々な特色をもつバージョンで勝負をかける。どれを選ぶか、どこに行くか、選ぶのは観客だ。IMAXはスクリーンの大きさ、アトモスは音響の醍醐味、DBOXは椅子の揺れ、4DXは総合的な体感を、それぞれ満喫できるようになっている。自身が観たい、あるいは体験したいバージョンを選択しつつ、出かけていく。その際、料金も重要なポイントとなる。

映画館で言えば、シネコンのバトルが、シネコンの差別化のバトルになった。これを観客側から見て、選択肢が広がったから、素晴らしい時代になったと喜ぶか。否、多様な選択肢は、映画のより広範囲な楽しみ方を生む反面、逆に面倒くさくなったと嫌悪感を示すか。どちらでもないと、私は考える。要は、映画をどう観るかということは、人それぞれになってきたのである。3Dは高いから嫌だという人がいれば、高くても3Dで観たいという人がいる。4DXで体を揺さぶりたい人がいて、そんなの邪道だという人がいる。映画の見方の問題だ。どちらが、いい悪いではない。

これは、映画に対する最近の観客の態度とも似ていないか。国籍やジャンルごとに客層が極端に分かれるのは当然として、同じ映画を観ているときでさえ、各々が全く違うものを実感している場合が、結構多い気がする。さきの選択肢の多様さとは、このような鑑賞姿勢を考えると、よくわかってくる。映画館の最先端設備の多岐性は、映画の見方の変化と見合っている。

さて、何をどこで観るか。私で言えば、冒頭のように行きやすい、観やすいあたりから、映画館へ足を運ぶことになるだろう。とともに、ある執念も、ついて回る。執念とは、映画環境の変化とは無縁の、ある特定の映画館への愛以外ではない。

「アナと雪」現象の実相とは

2014年7月上旬

今のところ、今年の映画界最大のニュースであろう。「アナと雪の女王」が、興収二三〇億円を超え、歴代二位興収の「タイタニック」（二六二億円）に迫るほどのメガヒットになっているのである。各マスコミは、とくに二〇〇億円達成の時点で、この現象を大きく取り上げた。例によって私も駆り出される羽目になったが、活字執筆含めて、取材を受けるメディアの幅が非常に広かった。この感触から、興行面におけるメディア露出の多さは、一七年前の「もののけ姫」以来かもしれなかった。

大きな関心は、このメガヒットが想定外だったことと、その背後に何があるのかといったことだったと思う。これは、「もののけ姫」の頃と変わらない。ただ「もののけ姫」のときは、その理由が結局よくわからないといった面も大きかったのに、今回は明快な理由が一つあることだった。歌である。『レット・イット・ゴー』に象徴される歌の強烈なインパクトである。もちろん、多様な要素のなかの一つであるのだが、その一つさえ、インパクトある歌があったにしろ、「もののけ姫」は明快ではなかったことを思い出す。

だが今回、巷間で流布されたメガヒットの理由を、一度整理してみる必要を感じた。王子に依存しない〝自立〟するお姫様物語に象徴される中身の今日性が、多く指摘されていたからである。確かに、それもあるだろう。ただ初発の映画への関心事として、中身の浸透がそれほどあったわけではない。宣伝面で、中身はそれほど喧伝されなかった。ただディズニー作品の安心感と、抽象的なお姫様物語の浸透は当初からあった。つまり、安心感、関心事を背後に控えた強烈な歌の存在が、人々の眼前から精神の最深部に降り立ったのだ。

スタートの土日二日間比較で、「モンスターズ・ユニバーシティ」(最終八九億円)対比九〇%だったことを想起してみよう。さらに、公開二週間時点で、一〇〇億円がすでに見込まれたことも忘れないでほしい。データの意味をしっかり把握してみれば、公開初期段階にして、メガヒットは成立しているのである。そこから、口コミ、リピーター、メディア報道といった行動や情報の巨大な拡散を経て、さらにさらにメガヒットは、驚くべき数字へと突き抜けていく。

公開からいつの段階であったのか、今日的なお姫様物語に心ときめく人たちの存在も大きくなる。歌自体に魅せられ、至るところで歌を唄い始める幼児も出てくる。社会現象化に、乗り遅れてなるものか。肥大化は、さらなる肥大化を生んでいく。その構造、循環性を見ずして、一つの事象（物語性）を拡大解釈しても、興行の本質はつかめないと言うべきだろう。というより、本質はそもそも全的にはつかめない。その周辺を隔靴掻痒しつつ、言葉はその上を漂うにとどまる。

それはそうと、私が今回、より関心を抱いたのは、そのメガヒットを作り出す人々の心のメカニズムであった。二〇〇億円を、一二年ぶりに超えた歳月より、東日本大震災から四年目という歳月の方が重要ではないのかと思う。震災以降、〈絆〉が大切とはよく言われたことだが、人と人の〈つながり〉を、この国の人たちはどこかで強烈に求めていた気がしてならない。その心持ちが、「アナと雪」のメガヒットの背後に潜んでいたのではないか。「アナと雪」で、いっとき、つながる。それはフワフワと、心地よい共同性だ。ただ、この心持ちには、用心したい気持ちも、なくはない。

★★★★★ 2014年洋画興行収入ベスト10 ★★★★★

順位	作品名	興収（単位：億円）	配給会社
1	アナと雪の女王	255.0	WDS
2	マレフィセント	65.4	WDS
3	ゼロ・グラビティ	32.3	WB
4	GODZILLA　ゴジラ	32.0	東宝
5	アメイジング・スパイダーマン 2	31.4	SPE
6	トランスフォーマー／ロストエイジ	29.1	PPJ
7	オール・ユー・ニード・イズ・キル	15.9	WB
8	猿の惑星：新世紀(ライジング)	14.2	FOX
9	ホビット 竜に奪われた王国	14.1	WB
10	ノア 約束の舟	13.8	PPJ

洋画低迷が続く中で「アナ雪」の興収が歴代第3位まで数字を伸ばした。その効果で、全体の興行成績は前年を10%上回る。ただ、これで洋画の復調の兆しが見えたわけではない。

2015年

平成27年

「マッドマックス」、われ興奮せず

2015年9月下旬

意外な入り具合だった。六月二一日午前一一時ごろ、新宿ピカデリーに赴いて、2D版の座席をチェックすると、おー、余裕があるではないか。一一時三五分からの上映時のことで、たぶん、その回は無理だろうとの推測から、実は午後四時三〇分の回でも観る準備はしていた。グダグダ言う前に、「ネットで調べろ」という声が響いてくる。毎度のことながら、劇場に行って様子を探るのが私の流儀であり、仕事でもあるのだ。と、半畳の一つをこの場で入れつつ、そのときはすでに七階にあるスクリーン2に向かっていた。「マッドマックス　怒りのデス・ロード」である。はっきり言おう。私は、それほど興奮しなかった。その前、珍しく批評を一つ読んでいた。六月一九日付の日経新聞夕刊である。

ここで、宇田川幸洋氏が何と「★五つ」をつけ、こんなことを書いていた。「ほぼ全編、すさまじいアクションが敷きつめられているのでおどろく。驚嘆の達成とエネルギーと技術のアクション映画なのだ」。映画は、まさにそのとおりであった。だが、映画は、それ以上でも以下でもなかった。

ここで重要なのは、いかなる「エネルギーと技術」なのかということなのだと思う。それは、映画としてどのように機能し、観る者の身にいかなる切実さをもって迫ってくるのか。そこが重要なのだ。もちろん、制約の多い新聞評において、そこまで踏み込むのが難しいのはわかる。だが、私の興奮度の稀薄さが、「エネルギーと技術」をめぐる批評的な〝深堀り〟と、どう渡り合うのかも、無性に知りたいと思ったのは事実なのである。

「すさまじいアクション」とは、そもそもいったい何なのか。初発に生まれるアクションとの対峙関係のなかで、興奮度の違いは、そもそも何に由来してくるのか。そこを掘り下げていくと、アクション映画の本質が、少しなりとも露わになっていく気がする。「ほぼ全編」というようなアクションのつるべ打ちは、逆に興奮度を下げていくこともあるのではないか。そのような観る側の微妙な精神状態に触れていくことも必要だろう。「マッドマックス」のアクションは素晴らしい。それは、「すさまじいアクション」だからだ。では、私は納得することはない。宇田川氏は書く。「監督自身が言うようにこれは、2時間の『目で見る音楽だ』。極上の」。感じるしかないということか。それは大事なことではあるのだが。

興行面に触れる。冒頭の意外な入り具合とは、二〇、二一日の土日成績が、あまり突出していなかったことにつながる。スタート時点の見込みでは、最終の興収で一五億円を超えるかどうか。高額な宣伝費が使われ、最大規模の公開館が用意されていた。観る前に、宇田川氏のような絶賛の声を他でも多く見ていた。確かにアクション大作の興行は、今の日本では難しい。一五億円なら、大成功である。だが、あまた散見した絶賛の声は、ひょっとして、その程度の成績を一点突破するのかとの期待があったのだ。

「すさまじいアクション」の連鎖では、壁は突破できないのかもしれない。まさにそれは、それ以上でもそれ以下でもないと、観る前からの予測としてあり、観た観客のなかでも、そのように認識する人たちがいるようにも感じる。事前の評価や入り具合の意外性から、以上のような諸々が束になって、わが身に飛び込んできた「マッドマックス」。アクション映画とは、いったい何なのであろうか。

★★★★★ 2015年洋画興行収入ベスト10 ★★★★★

順位	作品名	興収（単位：億円）	配給会社
1	ジュラシック・ワールド	95.3	東宝東和
2	ベイマックス	91.8	WDS
3	シンデレラ	57.3	WDS
4	ミニオンズ	52.1	東宝東和
5	ミッションインポッシブル ローグ・ネイション	51.4	PPJ
6	インサイド・ヘッド	40.4	WDS
7	ワイルド・スピード SKY MISSION	35.4	東宝東和
8	アベンジャーズ エイジ・オブ・ウルトロン	32.1	WDS
9	ターミネーター：新起動 / ジェニシス	27.4	PPJ
10	テッド2	25.1	東宝東和

大ヒット作品が増えて、興行の底上げが実現した。邦画を含めてアニメの存在価値が上がり、洋画＝アメリカ映画もアニメに席巻され始めている。実写作品の奮起が強く待たれる。

2016年

平成28年

米映画に何が起こっているのか

2016年3月上旬

評判は本当だった。遅ればせながら、「ストレイト・アウタ・コンプトン」を都内・シネクイントで観て、アドレナリン全開になった。深夜近くなっても、人混みでごった返す渋谷の街を、同伴者とワイワイ言いながら歩く心地よさといったらない。映画とは全く、どこから快楽が飛び出してくるかわからない。この醍醐味は、試写で味わえることは少ないだろう。

ところで、本作は独立系会社の作品だと思っていたら、れっきとしたユニバーサルのスタジオ作品だった。ハリウッド絶好調だなと、改めて思った。年末から観てきた米メジャー・スタジオの作品のレベルが、尋常ではなかったからである。作品をいえば、順に「スター・

ウォーズ／フォースの覚醒」「クリード　チャンプを継ぐ男」「ブリッジ・オブ・スパイ」「白鯨との闘い」、そして「ストレイト」ということになる。

ジャンルも中身もバラバラな作品群だが、これらが一貫して見応え十分であった。たかだか五本程度で、何を言うかという向きもあろうが、スタジオ作品としては珍しくアカデミー賞がらみが集中した「オデッセイ」や「レヴェナント　蘇えりし者」など、期待できそうな作品が今後も目白押しなのだ。ハリウッドに何かが起こっているのではないかと感じるのが当然であろう。

ここから、いろいろなことが読み取れるが、今回は三つほど見えたある傾向について述べる。(一）過去の映画（人）に対するリスペクトの念の強さ（二）実績のある監督たちの奮起（三）人間ドラマ的な側面の強調、の三点である。もっとあるが、とりあえずこの三点に絞る。とくに、（一）のリスペクトの念は、映画を観続けてきた者にとってはたまらないものがあった。

その衝撃は、「クリード」からやって来た。ラストに、〝イン・メモリー・オブ・ロバート・チャートフ〟の名前が出たときには、鳥肌が立ってしまった。チャートフ、亡くなっていたのか。知らない方が能天気と言われればそれまでだが、そのとき、「クリード」の全体像がわが身に迫ってきた。本作の製作動機の一つは、チャートフへのオマージュとしてあったのではないか。

「ロッキー」シリーズは、アーウィン・ウィンクラーとチャートフの二人が製作してきた。この二人は、「ロッキー」のみならず、アメリカン・ニューシネマの立役者だ。映画のレジェンド（あまり好きな言葉ではないが）の二人のうち、八〇歳を過ぎても一人が映画製作に携わり、一人が亡くなっていた。この事実が、エンド・ロールで強烈にわが身を貫き、映画自体の素晴らしさを、突発的な衝撃として背後から補強してきた。

映画（人）へのリスペクトとは、映画の魂をまさに「継ぐ」ことである。「クリード」の人間劇は、それがあってこそ激烈に表現できたのだと思う。「スター・ウォーズ」の瞠目すべきところもまた、そのリスペクト以外ではない。こちらは、特別扱いなどありえないとばかりに、旧作の俳優たちを堂々と主要な役で起用した。このまばゆいばかりの映画的真実こそ、私がハリウッド映画に嫉妬する大きな理由の一つなのである。
（二）と（三）に触れる余裕はない。字義どおりだと理解していただきたいのだが、それにしても、「スター・ウォーズ」はともかく、そのハリウッド魂が、およそ日本の人々に伝わっていない。今年の映画興行の大テーマである。

洋画観る人、オタクの時代なのか

2016年11月下旬

薄々感じてはいたが、洋画にとんでもない事態が起こっているようだ。この場合の洋画とは、全国的な公開規模をもつ米映画のことを指すが、その洋画に関して、こんなことを続けて聞いたのである。ある映画団体の会合で、配給会社の宣伝部長が、こう言った。「一部大学生の間で、洋画を観る人はオタクと言われるようになっている」。さらに、私が一〇月半ばにNHKラジオ第1にゲスト出演したときのことだ。若い女性アナウンサーが、「洋画は全く観ないんです」と言い放った。

ついに、洋画を観る人はオタクになったのか。はたまた、若い女性は、洋画を観なくなったのか。全く驚くばかりであるが、この二つは、はっきりと結びついてもいよう。極端な話だとしても、一つの真実がそこに浮き彫りになっていると思える。洋画は、とくに若い人の間では、絶滅危惧種のようになってきている。どうして、こうなってしまったのか。この欄でも私は、くどいほど洋画低迷の理由を書いてきているが、事態はさらにその先に行こうとしている。

以上の話にからんで、最近、ある洋画の興行展開を見つつ、洋画低迷の深刻さが一段と鮮明になっていることに思いが及んだ。「ジェイソン・ボーン」である。スタートは良かった。四作目にして、シリーズ最高の土日興収約三億五千万円を記録したのだが、問題はそのあとだ。二週目の土日が何と、初週興収の五〇％を切ったのである。これまでのヒットの実績含め、期待値は高かった。だが、数字の落ちは、中身に失望した人が多かったことを示す。期待値に関しては、アメコミ発ではない久しぶりの米製ヒーローものへの関心の高さだったように感じた。

実際、私が初日の金曜日夜に、都内・ＴＯＨＯシネマズ スカラ座で観たとき、座席が結構埋まっていて、その意外な賑わいに驚いたものだ。かつて映画の客層を表すときによく使ったサラリーマンやＯＬといったような懐かしい客層が、結構多く見受けられたのである。洋画も捨てたものではない。それが二週目、引っくり返った。私自身、観た印象はあまりいいものではなかったので、観客の反応が非常に気になっていた。結局、映画を観た多くの観客もまた、口コミの土俵にそれほど乗せることもなかったのだろう。二週目の激しい落ち込みが尋常ではなかった。

キネマ旬報の同作品の特集で、畑中佳樹氏が、その目まぐるしく変化する描写の数々を指し、グリフィス以来のモンタージュ手法を土台にした「パラレル編集」との言い回しをしていた。非常に面白かったのだが、一般的な意味で言って、それはどう捉えられるだろうかとも思った。私は、本作の「パラレル編集」に嫌な感じ、粗雑な印象をもった。描写の尋常ではない速い展開は、それが上下運動だろうが何だろうが、今のハリウッドが陥っている病、つまるところ、悪しき見世物性から生まれている気がしたのである。

病、見世物性は、映画から観客の意識を、一瞬たりとも離さないための強迫観念から生まれているように感じる。おそらく、興行のシビアさとは、分析を超えた映画への直観、直接的な感じ方などからストレートに現れてくるところだと思う。「ジェイソン・ボーン」は、その場にさらされた。これが、日本の洋画興行の現状である。これこそ、興味深い分析を超えて、洋画の由々しき事態の根っこにあるのではないか。冒頭の話は、実に重要な意味を持っている。

★★★★★ 2016年洋画興行収入ベスト10 ★★★★★

順位	作品名	興収（単位：億円）	配給会社
1	スター・ウォーズ／フォースの覚醒	116.3	WDS
2	ズートピア	76.3	WDS
3	ファインディング・ドリー	68.3	WDS
4	ペット	42.4	東宝東和
5	オデッセイ	35.4	FOX
6	007 スペクター	29.6	SPE
7	アリス・イン・ワンダーランド 時間の旅	27.8	WDS
8	インデペンデンス・デイ：リサージェンス	26.6	FOX
9	シビル・ウォー／キャプテン・アメリカ	26.3	WDS
10	ジャングル・ブック	22.1	WDS

アメリカ映画低迷の折、強力シリーズの新作「フォースの覚醒」が一矢を報いた。邦画では「君の名は。」と「シン・ゴジラ」が、想像もつかない成果を上げた。

2017年

平成29年

「フェンス」、この差別の凄まじさよ

2017年8月上旬

ある新聞社のベテラン記者から、事務所に電話があった。「デンゼル・ワシントン監督・主演の『フェンス』という映画があるが、なぜ劇場公開せず、いきなりストレートビデオで発売されたのか」。本作はアカデミー賞で助演女優賞を受賞し、作品賞、主演男優賞にもノミネートされた。本来なら、劇場公開されて当然だ。「何か、興行上の問題があるのか」という質問だった。昨今の厳しい洋画事情のことを話したが、映画を観ないことには始まらない。早速、DVDで観ることにした。

これが、素晴らしかった。今年上半期、洋画のわがベストワンである。米国野球のニグロ・リーグで活躍したが、人種差別からメジャー・リーグに上がれなかった男（デンゼル）

の話だ。一九五〇年代の今（映画の）、年をとった男は、清掃車に乗ってゴミ収集をしている。清掃業しか仕事がない。冒頭のシーンから、演出のエンジン全開となる。デンゼルが、相棒相手に喋りっ放しなのである。仕事を終え、家庭に戻っても同じだ。機関銃のごとく、凄まじい喋りが、とどまることを知らない。一個人によるこの喋りの長さは映画史上、前代未聞であろう。

彼が話す内容は多岐にわたるが、重要なのは、自身が差別により今の境遇を余儀なくされたことを、繰り返し語っていくことだ。父として、威厳を保つための息子二人への非情な言葉攻撃など、喋りは大方、その境遇への憤懣から発せられる。ただ、その喋り方に凄いことが起こる。彼の尋常ではない一人語りが、すでに冒頭シーンから音楽のように聞こえ始めていたことだ。それが、まさにラップ調だった。ただ、ラップに聞こえない人もいるかもしれない。私には、それが明白に聞こえた。

ラップにおける歴史的な発祥の事実は知らないが、デンゼルは、エネルギッシュな自身の一人語りを、ラップと捉えられかねない地平まで肉体化してみせた。それは、差別への呪詛の凄まじさが生んだものに違いあるまい。聞こえてくる音色は、決して耳触りのいいものではない。ただ、呪詛と音色が束になって画面を飛び跳ねると、まるで獰猛なポエムのような気さえしてくる。荒れ狂うポエムだ。それは、差別への呪詛をものの見事に語り出す。そのとき、わが身に、言い知れぬ感動が満ち溢れてくる。差別の凄まじさを、このように表現した映画を私は他に知らない。

差別への呪詛をまき散らすデンゼルに対し、周囲は反発しながらも意外な反応を示す。暴力を介した決定的な離反には行き着かないのだ。それは、差別への呪詛の意味を、周囲がわかり過ぎるほどわかっているからではないか。デンゼルは、どこかで許されている。ただ、呪詛とは違うレベルの身辺的現実が彼に訪れたとき、周囲はねじれたような〝離反〟の仕方をする。ここに至り、呪詛と音色は消え、一人の孤独な男に成り下がる。それでも、周囲＝家族は、デンゼルの誇りと生涯を見捨てない。

正論で言えば、これは興行の土俵では難しいだろう。ただ、正論は吐かない。どのような形であろうとも、本作は劇場公開すべきであった。以上の論点を理解してもらえる人たちとの出会いは、必ずやあったはずである。今回、「ドリーム」の邦題について記述すると予告までして、またまたたどり着かなかった。わが論点が、洋画の現状をめぐって、揺れ動いている証である。「フェンス」問題もまた、邦題の問題と深くかかわる。次回の予告は断念する。

時代を向いた洋画の質的充実

2017年10月上旬

今年の夏興行は、昨年実績を下回った模様だ。七月一日から八月一九日までに公開された作品別の最終見込みの興収で見ると、邦画、洋画合わせた上位一〇作品の累計は、推定約三六六億円。昨年は、約三六四億円。拮抗しているが、今年は八月後半の失速で数字を落とした。なかで、邦画、洋画合わせた一位と二位が、洋画であったことは特筆していい。トップは、「怪盗グルーのミニオン大脱走」の約七三億円。次いで、「パイレーツ・オブ・カリビアン／最後の海賊」の約六八億円だった。夏興行で、洋画が一位、二位となるのは、二〇〇〇年以降では、二〇〇四年に次いで二回目である。

今年、洋画の興収シェアが邦画にかなり肉薄しそうだが、夏の洋画作品で気がつくことがある。中身が、グレード・アップしているのである。面白い作品が増えている。いちいち細かい検証はしないが、「怪盗グルー」でも「パイレーツ」でも、存分に楽しめる。「スパイダーマン：ホームカミング」も好印象だ。「ワンダーウーマン」に至っては、アメコミ映画の金字塔ではないか。以前、CG全盛の洋画大作の数々が、実に空疎に見えた時代があった。物量的な派手な描写に依存するあまり、話の展開、登場人物の魅力が稀薄になった。それが今、変化のときを迎えている実感がある。

ことは、大作群だけではない。夏の後半に全国四〇館規模で公開され、ヒットした「ベイビー・ドライバー」は、米映画の良心のような愛すべき作品だった。洋画は、実に軽やかに、このような作品を送り出してくる。だから今、洋画から目が離せない。何度も言うが、ヒットは中身の良さだけが作り上げるものではない。題材の好悪、シリーズの認知、俳優のバリュー、宣伝手腕などが、中身と複雑に絡み合う。ただ、総体的に中身のグレードが上がっている感のある洋画は、それゆえにヒットの確率が比較的高くなってきたように感じる。

一方で、中身が伴わない作品は、今や即座に興行の場から退場せざるをえない。それは、言わずと知れたSNSやネット情報の流布による。その説明は、もはや必要ないだろう。中身が伴わなければ、興行の土俵に上がれない。洋画は、米国の製作会社が、そのことにとても敏感になってきた気がする。様々にバリエーションを変えることで、作品がマンネリ化に陥らないようにしている。それは、人気シリーズやアメコミ映画、アニメーションに顕著だ。SNS、ネット時代における現在のシビアな映画興行のありようが、米国の製作会社のなかで、かなり慎重に吟味、検証されている証ではないのか。

それでも、日本においては、さきの「スパイダーマン」や「ワンダーウーマン」が、それほど弾けた興行になっていないことは注目に値する。中身のグレード・アップは、興行の成功を促す場合と、そうではない場合に分かれる。その分岐点には、いろいろな要素があるが、「ワンダーウーマン」に限って、一つだけ言えることがある。映画の面白さが、どうやらそれほど伝わっていないようなのである。ヒロインを「天然系」と謳った言い回しや、アイドルグループを起用した宣伝展開も見たが、どうにも作品のコンセプトを伝えているとは思えなかった。

洋画離れは、依然としてあろう。ただ、作品のグレードが上がってきている以上、映画を送り出す側は、より大きな責任を負うことになる。慎重な対応を期待したい。

★★★★★ 2017年洋画興行収入ベスト10 ★★★★★

順位	作品名	興収（単位：億円）	配給会社
1	美女と野獣	124.0	WDS
2	ファンタスティック・ビーストと魔法使いの旅	73.4	WB
3	怪盗グルーのミニオン大脱走	73.1	東宝東和
4	パイレーツ・オブ・カリビアン 最後の海賊	67.1	WDS
5	モアナと伝説の海	51.6	WDS
6	SING／シング	51.1	東宝東和
7	ローグ・ワン／スター・ウォーズ・ストーリー	46.3	WDS
8	ラ・ラ・ランド	44.2	GAGA/ポニーキャニオン
9	バイオハザード：ザ・ファイナル	42.7	SPE
10	ワイルド・スピード ICE BREAK	40.5	東宝東和

映画界の好調ぶりが続き、洋画も久しぶりの盛況ぶりである。「美女と野獣」「パイレーツ・オブ・カリビアン／最後の海賊」、国内におけるディズニー配給作品の好調が続いている。

2018年

平成30年

「スリー・ビルボード」を読む

2018年4月下旬

第九〇回アカデミー賞の作品賞は逃したが、日本で非常に評価が高い作品が「スリー・ビルボード」である。本作を批判した文章をあまり見ない。ただ私は、不思議な感覚を抱いた。手放しの絶賛、それとは真逆の批判、その中間。いずれの評価軸にも、この感覚はあてはまらない。多くの人が、次のような点を誉める。ビルボード（看板）に託した企画の発想力、登場人物の個性を描きこんだサスペンスフルな話の展開、米社会を覆う分断化の構図。俳優陣の演技力もここに入る。これらに全く異論はない。

ただ本作は実のところ、曖昧な描写が多いのだ。不思議な感覚はどうやら、ここが発信源のようである。ここから、ネタバレの領域に踏み込むので、ご容赦願いたい。まずは話の展開にとって、大変重要と思える描写で曖昧な箇所を三つ挙げる。娘がレイプされて、警察を糾弾するフランシス・マクドーマンド扮する主人公だが、警察の捜査過程で果たして何が起こっていたのか。確かに、ウディ・ハレルソン扮する署長は、懸命な捜査をしたが、犯人は見つからなかったと明言した。ただ、これは彼の言葉だけで、事実はわからない。意外や誠実な対応を見せる署長の実直な性格だけが、その言葉を裏付けるのみである。

病気の署長は自殺し、手紙にいろいろ託すが、自身への手紙を読んだ一人、サム・ロックウェル扮するキレやすく、差別をむき出しにする（元）警官が一気に物わかりが良くなる。死を覚悟した署長の思いやりに満ちた懇切丁寧な最期の手紙だ。それを聞き入れる説得力は確かにある。ただ、よくよく考えてみると、その変化の信憑性は、差別主義的な行動信条と矛盾しない彼のまっとうさを押し出そうとした本作の話の方向性に拠っているのみである。

ハレルソンから代わった黒人の署長がクビにしたロックウェルが、たまたま見かけた男を犯人と推定して再捜査を頼むが、新署長は間違いと判断する。ここもまた、捜査を正当に行ったように見える黒人署長の実直な性格を信じるしかなく、本当に違っていたのかどうかはわからない。ここでもさきのハレルソンと同じく、新署長の言葉のみで話の進行が決まる。どちらも、上部組織から何らかの圧力があったのか、なかったのか。結局判断しづらいのである。とくに後者の場合、犯人と間違えられた男は、国家の秘密の任務を担っているようでもあり、捜査の不確かさも暗示される。

ネタバレを最小限（？）に抑えるために、ラストで展開されるもっとも重要な曖昧な点は省くとしても、他でも随所に曖昧な描写が散見されるのだ。それらは、組織の犯罪性や差別構造が明快なテーマとしてある数々の米映画とは、真逆の方向性と言っていい。本作では、究極のところで組織のバックグラウンドはあからさまにならない。曖昧さ、不思議な感覚の大どころが、ここに起因している気がする。代わりに、アメリカ人の個としての並外れた行動力が、どこか国家や組織、犯罪を超えた暴風雨のようなエネルギーとして、高らかに誇示されるのである。

曖昧さは、脚本、演出が意識したものか。あるいは、無意識なのか。とにもかくにも、本作には何かとんでもない秘密が隠されている気がしてならないのだ。ロックウェルのモンスター母親は、ドナルド・サザーランドのファンで、彼のＤＶＤばかり見ている。米国中西部のおばさんが、サザーランドのファンというのが面白くも、ここがまた、奇妙な感覚に包まれる。

「オーシャンズ8」とジェンダー

2018年9月下旬

どうも、ピンと来ない。「オーシャンズ8」の評価をめぐって、米国のサイトが、こんな記事を送り出していた（『WIRED』US版レヴュー、八月一七日Yahoo! 発）。冒頭で、いきなり「『女も男と同じようにできる側』としてしか作品が評価されないジレンマを抱えている」とあった。このフレーズが連呼される文章だが、全体の要点を以下まとめると、こうだ。

一、女性が活躍する映画の成功はいつでも、その前に存在する男性版との比較で評価される。

一、好意的なレビューの中心は、オリジナルな3本と同じ魅力があるというものだ。

一、「オーシャンズ8」の出来がいくらよいとしても（実際によいのだが）、（作品そのものの）真価によって評価されることはないのだ。

一、この8人の素晴らしい女性たちが独自のシナリオに出演していたら、その成功はもっと大きなものになっていたかもしれない。

ウーンと頭をひねりつつ、同じ日、「オーシャンズ8」について、私はこんな文章を書いていた。「本作は、男だから、女だからという発想がない。そこが重要なのだ。そのように当たり前に見える設定、中身のありようから、人の意識は変わっていくのだろう」（毎日新聞夕刊、八月一七日）。前三作品との比較論など、わが頭のなかには全くなく、まさに作品そのものとして評価したのである。

一つこんなことを考えた。ジェンダー（性差）的な思考回路、行動様式をめぐって、日米ではかなり差異があるということだ。その意識が高い米国では、映画の製作領域から評価軸に至るまで、その意識をどんどん反映させる。日本では、意識の高さが米国ほどにはないので、映画の様々な領域でそれが露出してくるケースが比較的少ない。これは、どちらがいい悪いといった二分法的区分けを取っ払ったとしても、両国の社会や文化などの基盤にかかわる実に厄介な差異であると思う。

実際のところ、「オーシャンズ8」に関して、女版との見方はあったとしても、それをジェンダー的な視点で論点を押し進めていく評価が、日本ではそれほど多くはなかったと思う。これは、他国の作品だからといったことではなく、日本ではまさに〝真価〟を当然のようにする映画の評価軸が、それこそ当たり前のようにあるからではないか。ただこれをして、ジェンダー的な意識が米国ほどではないこの国が、正当に映画を評価していると言っていいのかどうかは、また別の話となる。

実は、さきの私の文章は、日本の医科大学入試の際に起こった女性差別の報道を一つのきっかけにしている。「オーシャンズ8」は、男が活躍した前三本との比較など関係なく、観客が楽しく観られる作品であり、ジェンダーを感じさせない中身の「真価」こそが、人々の意識に沈殿していく。ややこしい言い方だが、それは映画から、現実認識、現実領域に越境していく何ものかを信じることを示す。

映画はあくまで映画であることも、改めて強調しておきたい。「人の意識は変わっていくのだろう」とさきに書いたが、映画で人々の意識を意図的に変えようなんて、大それたことを私は強弁しているつもりはない。ただ映画は、何か生きる手がかりくらいには、光を与えてくれるだろうと思っている。それが重要ではないか。だからこそ、日本でも映画におけるジェンダーの視点は、もっと取り上げられていい。

★★★★★ 2018年洋画興行収入ベスト10 ★★★★★

順位	作品名	興収（単位：億円）	配給会社
1	ボヘミアン・ラプソディ	131.0	FOX
2	ジュラシック・ワールド／炎の王国	80.7	東宝東和
3	スター・ウォーズ 最後のジェダイ	75.1	WDS
4	グレイテスト・ショーマン	52.2	FOX
5	リメンバー・ミー	50.0	WDS
6	インクレディブル・ファミリー	49.0	WDS
7	ミッションインポッシブル／フォールアウト	47.2	東和ピクチャーズ
8	アベンジャーズ／インフィニティ・ウォー	37.4	WDS
9	ボス・ベイビー	34.4	東宝東和
10	レディ・プレイヤー1	25.5	WB

「ボヘミアン・ラプソディ」は歴代16位という、音楽映画としては類を見ない大ヒットを記録した。邦画では超低予算の「カメラを止めるな！」が31億円の興行収入を上げた。

2019年

令和1年

「ＲＯＭＡ／ローマ」からの道

２０１９年４月上旬

すでに一カ月近く前の話になるが、第九一回アカデミー賞の注目点の一つが、ネットフリックスが手掛けた「ＲＯＭＡ／ローマ」（以下、「ローマ」）が作品賞をとるかどうかであった。それは、映画興行を本来意図していない配信作品の「ローマ」が、純然たる映画作品と同等の評価を得ることができるのかといった注目点である。結局、監督賞、撮影賞、外国語映画賞の受賞であったが、これは全体にも通じる同賞の絶妙なバランス感覚のゆえにも見えたのだった。

作品賞は、近年のアカデミー賞の王道受賞でもある問題作的な「グリーンブック」が押さえた。監督の性的暴行疑惑が出た「ボヘミアン・ラプソディ」は、作品賞からはずれたものの、主演男優賞などで一定の評価を得た。長篇アニメーション賞では、ディズニーの続篇二本を退け、新機軸の「スパイダーマン：スパイダーバース」が輝いた。作品賞のノミネートが難しかったアメコミ映画では、「ブラックパンサー」が美術賞と作曲賞、衣裳デザイン賞といった具合だ。

「ローマ」に限ってみれば、興行側が極力嫌う配信作品に対して、一定の評価を与えたことで、アカデミー賞の一つの方向性を示したと言えるだろう。欧州の映画祭であるカンヌ（配信作品排除）とヴェネチア（「ローマ」が最優秀賞）の中庸的な扱いと言ったらいいか。ネットフリックスは、すでに主要メジャー・スタジオが参加しているアメリカ映画協会に加盟し、製作会社として存在感を見せ始めている。これなど、今回の受賞に何らかの影響を与えていると見るのが自然だろう。バランス感覚とは、そういうことである。

では、配信作品の上映に拒否感をもつ米興行会社は、今回の受賞をどう見ただろうか。「ローマ」に特例的な出来事と割り切るか。あるいは、受賞が監督をはじめ多くの映画人や業界自体への影響は避けられないので、警戒感を募らせるか。おそらく、後者だろう。配信作品と映画作品との境界が縮まるように見えたことで、配信作品の劇場公開が一段と増えてくる可能性が出てくるからだ。そうなると、劇場公開と配信の時期的な兼ね合い含め、かなり厄介な事態になる。

ところで、本作が何と日本で公開されることになった。三月六日に発表され、三月九日から公開という異例の速さだ。劇場は、イオンシネマ系四八館。ネットフリックス側の目的の一つとしては、配信作品を劇場公開する足掛かりにしようということだろう。対するイオンは、スクリーン向きとも言われる「ローマ」上映に、興行的なメリットを考えたか。ただし、その動きに猛反発している何社かの大手興行会社があるとも聞いているので、この動きは日本においても一筋縄ではいかない。

今回の諸々は、「ローマ」をきっかけにした日米映画界の動向を簡単に取り上げたに過ぎない。ただ、結局のところ大枠にあるのは、映画＝映像権利をめぐって、最初の流通経路であることへの興行側の当然過ぎるこだわりが、揺るぎないということである。メジャー・スタジオが取り上げない企画を採用することなども含め、配信作品のクオリティが備わったとして、この興行側の経営上にかかわる根本的な理念が崩れない以上、事態に進展はない。とはいえ、ネットフリックスは、いろいろ手を出してくるだろう。部分的に、劇場公開を優先することだってあり得る。米映画界への接近は、かなり本気モードをうかがわせるのである。

「エンドゲーム」が鳴らす警鐘

2019年6月下旬

今年のゴールデンウィーク興行は、十連休のおかげもあり画期的だった。なかで、ロケットスタートを切りつつ限界もあった「アベンジャーズ／エンドゲーム」の興行というより、事前の情報伝達のあり方に興味をもった。とくにネット中心だが、多くのサイトが競い合うように映画の情報を流したのだ。これが、新聞などの印刷メディアの情報と違っていた。当然のことだが、「エンドゲーム」という作品自体が、その違いを一層浮き彫りにしたように感じた。

今さらだが、本作は「アイアンマン」（二〇〇八年）から始まるマーベル・シネマティック・ユニバース（ＭＣＵ）という総称の一本だ。これは、マーベルコミックの各キャラクターを、一つの世界観のもとで交差させつつ話を進めていく作品群のことを指す。この作品間の連続性などを、いかに伝えるか。これが、ネット情報の主眼の一つだったように思われた。ＭＣＵの全貌に相当詳しいライターたちの記事が多かった。

事前の情報発信だろうから、それで十分なのだが、私は妙なことを考えた。ネットにおける各キャラクターの新展開、作品間のつながりなどをめぐる記述が、本作の評価や批評自体と、ある部分で重なる気がしたのだ。情報と評価＝批評が重層化していると言おうか。書き手は意識していないだろうが、なぜ重層化を感じるかといえば、それはＭＣＵ作品の独自性による。新展開、つながりこそが、その魅力の大もとであり作品の根幹だ。そこに触れれば、その記述は評価＝批評とある部分重なってきてもおかしくない。

ただ、こうも思った。ＭＣＵは、作品間のつながりの多様性、深化を目指し、話全体が製作側の周到なマーケティングのもとに作品構築がなされている。ネットの一部の情報は、それを丁寧に探り出しているのだが、それがＭＣＵの強固なマーケティング手法の内実と、結果的に似てしまう。当然だろう。記述のように作られているのだから、それは製作側が意図した枠組み内の話だ。ただ、評価＝批評はマーケティング的な内実を超えなくてはならない。一例を挙げれば、新展開、つながりなどの連続性は作品総体と、どのようなかかわりがあるのか。そこに突っ込まないかぎり、評価＝批評にはなりえない。

重層化はありえるとして、今回、以上のようなことを指摘したのは、そもそも「エンドゲーム」の評価自体はいったいどうなっているのか。それが、あまり露出していないことも影響している。印刷メディア領域で、本作はまっとうな評価＝批評が少ないこともあろう。そのようなところから、ネット情報ばかりが、やけに目立つ傾向が増えているのだ。非ネットの印刷メディアは、「エンドゲーム」の〝作り〟の独自性を指摘しつつ、評価＝批評にもっと手を広げる方向性があっていい。それぐらい、重要な作品だと思う。

映画の形が、大きく変わりつつある。それに伴い、評価＝批評を含めた映画の情報発信のあり方が、大きな変化のときを迎えようとしていると痛感する。それに対応していくためには、旧来型の映画の言説では収まりがつかなくなっている。ネットにおける映画情報が、ぐんぐん影響力を増している昨今、印刷メディアの評価＝批評の力が総体的に落ちている。この変化に相当の意識をもって立ち向かわないと、批評の力は、どんどん弱まる。「エンドゲーム」は、一つの警鐘を鳴らしている。

アーサーとデ・ニーロの対決

2019年11月下旬

こんなことが起こりえるのか。だから、映画興行は面白いし、深いし、謎めいている。「ジョーカー」のことだ。公開から一二日目の一〇月一五日に興収二〇億円を超えた。最終で、四〇億円突破の可能性も高い。DCコミックスから生まれたDC映画としては、「ダークナイト　ライジング」を超えて、すでに二〇〇〇年以降の最高となっている。DC映画歴代興収トップと目されるのが、「バットマン」(一九八九年、興収は推定三五億円)である。

DC映画といえば、「バットマン」と「スーパーマン」だが、二〇〇〇年以降で見れば、悪役ジョーカーが主役となる本作が、二大ヒーロー映画をあっさり抜いた。久しぶりに興行面に触れたのは、この現象がいかにとんでもないことであるかを知ってもらうためだ。

なぜ「ジョーカー」は、「バットマン」や「スーパーマン」を押しのけたのか。ここで、その理由を探りはしない。理由以前に、この驚くべき興行展開を前提に、作品について語ってみたい誘惑に抗しきれないのである。

観終わって「タクシードライバー」(以下、「タクシー」)を思い出した。「ジョーカー」の身の毛もよだつような怖さに比べると、「タクシー」が、何とも牧歌的に見えたのが意外だった。それは、両作品の作りと主人公の性格設定による。作りは、社会派問題作的な描写で進む「ジョーカー」と、娯楽作品のセオリーをある程度踏まえていく「タクシー」との違いになろう。性格設定は、生い立ちを露わにしながら怖さを際立たせる前者に対し、最後まで人物背景がよくわからない後者ということになる。

ただ時間が経つと、ことはそんなに単純な対比では収まりがつかないことが知れてくる。「ジョーカー」の怖さに極度に幻惑され、判断を狂わせたのではないかと思えてきた。「ジョーカー」の怖さは大方、主人公アーサー(ホアキン・フェニックス)その人から感じられてくる。その大もとは、彼のねじれ曲がったかのような表情と肉体、態度、不気味な笑い声などだ。一方、「タクシー」のトラヴィス(ロバート・デ・ニーロ)は、不可解な笑顔を交えながらも、風貌にまっとうなところがあり、モヒカンさえ愛くるしい。

しかしながら、よく見てみよう。画面上の怖さは、確かにアーサーの方に数段分があるが、画面からはうかがえない部分を想像すれば、トラヴィスの方にこそ一段と怖さがあるのではないか。アーサーには人生の背景を踏まえた〝変容〟があるのに対し、トラヴィスはどんな人物で何を考え、どう行動するのか、皆目わからない。これが観る側の想像力のなかで、映画の内在的な恐怖感を増幅させるのだ。映画の表層と深層において、両作品は決定的な違いがある。ただ再度言うが、ことはそれほど単純ではない。「ジョーカー」には、ホアキンの究極の怪演ぶりとは、また違った凄いシーンがある。

ラスト近く、テレビ司会者役のデ・ニーロがアーサーと対峙するシーンだ。ここは、本作のもっともスリリングな場面だと断じたい。異様な風貌、態度のアーサーに、何ら動じることなく、やりとりするデ・ニーロに、ほとほと感服した。観客と同じく、画面上の怖さはデ・ニーロもわかるはずなのだが、一切の恐怖感を見せず、堂々と会話を交わすのが素晴らしい。これは、時空を超えたアーサーとトラヴィスならぬデ・ニーロの対決の場面ではないのか。両作品は合わせ鏡のように似ている。

「アイリッシュマン」を観る

2019年12月下旬

レストランの一角で、疑念を浮かべた表情をしながら酒を飲んでいる眼鏡姿のハーヴェイ・カイテル。「クソ」などの汚い言葉を連発して悪態をつき、家族の顔を曇らせているアル・パチーノ。パーティ会場で、マフィアの男と策略を練り、渋面を作るジョー・ペシ。サングラス姿の口元から、真骨頂の笑顔の一端が読み取れ、すべてを悟ったかのようなロバート・デ・ニーロ。このようなシーンの数々が、画面から密やかに浮かび上がってくる。今年最高の映画の興奮が、スクリーン一杯に広がっていた。

マーティン・スコセッシ監督の「アイリッシュマン」である。ネットフリックスが製作した。今年公開された「ＲＯＭＡ／ローマ」と同様に、映画館の数が限られている。なかんずく、宣伝はほぼなかった。ポスターもなければ、チラシも見ない。上映館も、公開初日ギリギリまでわからなかった。いったい、誰が映画館に足を向けるのか。それでも、映画館は年配者中心ながら、八割ほどが埋まっていた。よほど事情通の映画ファンなのだろう。

本作は、東京国際映画祭の最終日に三回上映された。当初、クロージング作品だったが、はずされ、クロージング作品が決まらないままに、最終日の最後に上映された。実質的なクロージング作品と思った。配信作品の不吉な運命である。映画祭での扱い、上映館の少なさなどの理由に関しては、本誌の読者ほどの映画通であれば、先刻承知のことだろう。配信優先作品は、多くの興行会社が上映には二の足を踏んでいる。上映している映画館は、ぎりぎりの選択をしている。

今回ほど、どこの映画館で観るか、迷った経験は珍しい。都内上映館は当初、アップリンクの渋谷と吉祥寺、シネ・リーブル池袋、イオンシネマ板橋の4サイトだった。スクリーンサイズや座席数、上映時間を考慮しながら、決めたのが平日の池袋だ。座席数が一八〇なら、ギリギリ席をとれるだろう。スクリーンサイズも、まずまずと見た。午後一二時一五分開映も、仕事との兼ね合いで、何とかセーフである。これらを総合的に考えて出かけた。正解であった。

さて、冒頭に戻りつつ、やはりデ・ニーロについて短く語ろう。米国の戦後史のような趣をもつ本作で、彼は何と四役にわたる人間を演じ分けるのである。というより、しだいに何役か判断不能になっていく。これは、「レイジング・ブル」で見せた以前、以後の肉体改造なんてものではない。どこに生身の本人がいるのか、よくわからなくなるような時間経過と風貌の変化なのだ。デ・ニーロが、映画のなかで溶解していくと言ったらいいか。彼は虚実の皮膜のただ中で、静かに淡々と仕事を全うしていく。「タクシードライバー」のままに、サングラス下の笑顔だけがやけに生々しい。

「アイリッシュマン」は、映画史上の傑作と断じる。〝映画〟史上と言ってしまったが、配信であれ何であれ、映画館にこれほどふさわしい作品はめったにないからだ。チマチマした画像で、三時間二九分の本作を自室などで安穏と見ることはできるのか。そんな芸当ができるほど、人間は強靭にできていない。

今回、あえて様々な視点を飛び飛びにしてみたが、デ・ニーロの四役に免じてご寛恕《かんじょ》願いたい。ある男の殺害を意図したデ・ニーロがサングラスをはずし、拳銃だけを手に飛行機に乗り、大陸を移動する。そのときの厳しい表情が忘れられない。

★★★★★ 2019年洋画興行収入ベスト10 ★★★★★

順位	作品名	興収（単位：億円）	配給会社
1	アナと雪の女王2	133.7	WDS
2	アラジン	121.6	WDS
3	トイ・ストーリー4	100.9	WDS
4	ライオン・キング	66.7	WDS
5	ファンタスティック・ビーストと黒い魔法使いの誕生	65.7	WB
6	アベンジャーズ／エンドゲーム	61.3	WDS
7	ジョーカー	50.6	WB
8	シュガー・ラッシュ：オンライン	38.6	WDS
9	スパイダーマン：ファー・フロム・ホーム	30.6	SPE
10	ワイルド・スピード／スーパーコンボ	30.6	東宝東和

2019年は国内の興行収入が前年比117・4％、過去最高の2611億8000万円になった。入場者数も1億9491万人に上り、1971年以来48年ぶりに1億9000万人を超えた。

2020年

令和2年

賛否もろとも、さらばランボー

2020年8月上旬

コロナ禍のただ中だから、このような異変が起こる。六月二七、二八日（土日）の週末興行（動員）ランキングで、初登場のスタジオジブリの過去作品が上位三本を占めた。コロナ禍で旧作上映が増えるが、なかでもジブリは全くの別格であった。キャッチフレーズは、「一生に一度は、映画館でジブリを。」。だから、この言葉どおり、映画館で初めて観る観客が多かったと推測できる。ただ、このランキングには注釈がいる。興収換算であるなら、この土日では別の新作がトップに立ったのである。「ランボー　ラスト・ブラッド」だ。

いきなり話は移るが、この「ランボー」最終作が、何とも衝撃的な作品だった。筋肉隆々は保ちながらも、風貌はかなり老いた感じのランボーだが、その禍々しい戦闘能力がとてつもなかった〈R15+〉)。破壊力、残虐性が、尋常ではない。商業的な側面は確かにあったろうが、あそこまでショッキングな描写にする必要はあったのかといぶかる向きもあろう。私は、あったと思う。ラストの怒濤の見せ場あたりから、エンディング・ロールにかけ、不覚にも涙が滲んだ。「ランボー」で、こんなことが起こるのか。

昔、「ランボー」と聞いて、ベタだが「乱暴」を想起したことに合わせるなら、作品の骨格が、今回は「乱暴」ならぬ「無謀」過ぎるのである。この「無謀」さに、おそらく賛否が出る。彼の住居があるアリゾナと、惨劇の一つの場所となるメキシコが主要舞台だ。同居者の一人を救出しようと、ランボーはメキシコに単身乗り込む。一人の男を見定め、男を痛めつける。このおぞましい暴力シーンで、本作の意図しているものがはっきりした。後半で明らかになっていくが、これは、ただならぬ暴力性に突き動かされるランボーの内面の劇なのだった。

単身乗り込んで、いきなり捕まる。ここだけ見ると、ありえない展開で、例によって突っ込みどころ満載となる。ただ、これが自死を覚悟しての乱入なら、どうだったか。救出以前に、自死のイメージが感じられるほど、内面は混乱を極めていると言うべきか。しだいに、大がかりな人身売買を生業にするワルたちの生態が怪しく描かれていく。クライマックスは、あまりに強引なアクションのつるべ打ちとなる。敵の面々は、次々にランボーの仕掛けにはまり、多くの肉体が破壊されていく。彼らが罠に簡単に引っかかる無茶苦茶な描写の連続だが、ここではアクションそのものより、戦いの場となる拠点の異様さこそが見せ場の大もとだ。

ベトナム帰還兵のランボーは、「(以前と)変わっていない。(怒りに)蓋をしているだけだ」と言い、「なぜ、(死ぬのが)俺ではないのか」と自問自答する。復讐を果たした後、「(ベトナムから帰ってからは)自分は死んでいるようなものだ」「(絶えず)迷い続けている」と呟く。こうした言葉の連なりのなかから、映画に描かれたランボーの苛烈な暴力の理由がうかがい知れる。内面の劇とは、このような意味だ。内面に巣くうのは、もちろん戦争の影である。否、影ではない。彼のなかにあっては、戦争はまさに実体なのである。

映画を観終わると、本作が、戦争が生んだ一人の怪物の話だと感得できる。怪物が、戦争の恐ろしさを逆照射するのだ。そこから見えてくるのは、強烈な反戦思想だと言える。涙が滲んだのは、戦争が生んだ怪物の悲しさが、全篇を覆っていたからに他ならない。「ランボー」最終作は、見事な反戦映画であった。

ネトフリ作品、どう観るか

２０２０年11月下旬

昨年一二月にオープンした都内・アップリンク吉祥寺（吉祥寺パルコの地下二階）に行ってきた。観たい作品があった。公開三日目の一〇月一一日。午後三時一五分の回の「シカゴ7裁判」である。動画配信サービス大手ネットフリックス（以下、ネトフリ）の作品だ。全席でチケット販売を行っている。五スクリーンあるこのミニシアターは、いずれも一〇〇席に満たない。密になる不安もあったものの、行ってみたら、前から二番目の右側二つ目の席が空いていた。自動券売機でチケットを購入し、何と係員を介さず館内に入った。体温測定はなかった。

映画が始まる。いきなり、殺風景な「N」（ネトフリ）のロゴが出て、次がよく知られるドリームワークスの表示。例によって、日本における配給会社名の表記はなかった。はじめに、一九六〇年代の米国のニュース映像が流れる。テンポが良く、この調子がほぼ全篇を貫く。一九六八年、大統領選挙にからんで、シカゴで民主党大会が開催された。近くの公園で、集会を催した反戦団体と警官隊が衝突したのである。映画は、その首謀者を裁く裁判劇をメインに据える。

裁判劇に伝統のあるハリウッド映画の系譜に、堂々と連なっていることに目を見張った。いくつもの得難い魅力があった。政治中枢の動きと反戦団体の様々な行動様式。裁判の底流には抜けがたい差別構造があり、これらが混然一体となって、カオスのような人間模様が展開される。大統領、政権が代わることで、法の解釈は一変する。反戦団体の思想、行動のバリエーションがまた、一筋縄ではいかない。検察側と弁護側との際どいやりとりが、米国の民主主義を反映しているようにも見えるが、それは闇の勢力と紙一重だ。

こんなシーンがあった。ある殺人容疑で逮捕されたブラックパンサーの活動家は裁判にあたり、代理人がいないために、正当な裁判を受けられない。彼は「(白人とは)先祖が違うんだ」と叫び、さらに自身で弁論することを拒絶されて裁判中に猿ぐつわをされる。反戦をともに掲げる者同士をも巻き込んだ亀裂の底知れなさが、これでもかと描かれる。社会性ある裁判を乗り切ることが重要とする温厚な主人公の被告だが、実際には別の扇動者の顔をもっていた。別の被告は、裁判そのものを疑うものの、騒乱への意志に対して、「それは思想の問題だ」と沈黙を守る。今の米国に象徴的な言葉を使えば、まさに「分断」国家の予兆が、政権、思想、団体、組織、そして裁判などを通して、まざまざと感じられてくるのだ。ここが凄いと思う。

本作は、すでに配信で見られる。劇場公開に関しては、ほぼ情報はなかった。だから、映画館で、ことさら観る必要もないと多くの方は思うだろう。派手なシーンなど、どこにもない。大作の「アイリッシュマン」とは違う。だが、私は映画館で観て良かったと思う。暗闇における観る側の集中度が、本作には求められるからだ。画面からは、一寸たりとも見過ごせない緊張感が漂う。それが、配信では得られないと言うつもりはないが、体感度からすると、映画館がふさわしい。ただ、定番的なハリウッド調のラストだけは腑に落ちなかった。

ネトフリ作品は、これから来年にかけて何本か劇場公開される。ある人は、メジャー・スタジオが、一つできたようだと言う。延期相次ぐ米メジャー系作品の間隙を縫って、ネトフリが進撃を続けている感じだ。これから、どこでどう観るか。

★★★★★ 2020年洋画興行収入ベスト10 ★★★★★

順位	作品名	興収（単位：億円）	配給会社
1	スター・ウォーズ／スカイウォーカーの夜明け	73.2	WDS
2	パラサイト 半地下の家族	47.4	ビターズ・エンド
3	TENET テネット	27.3	WB
4	キャッツ	13.5	東宝東和
	フォード vs フェラーリ		WDS
	ジュマンジ ネクスト・レベル		SPE
	2分の1の魔法		WDS
	1917 命をかけた伝令		東宝東和
	ミッドサマー		ファントム・フィルム
	BREAK THE SILENCE : THE MOVIE		エイベックス

新型コロナの感染拡大で映画館が休業、米国からの洋画配給も滞った。300億円を超えた「鬼滅の刃」の記録的なヒットにもかかわらず、2020年の興行収入は1432億円と、前年から45%減少した。映画館の入場人員は1億613万7000人で、統計を取り始めた1955年以降で最も少なかった。

2021年

令和3年

「ラーヤと龍の王国」問題発生

2021年3月下旬

今号が出る三月五日から、公開が始まった。ディズニー作品の「ラーヤと龍の王国」だ。この作品をめぐっては、年明けから映画業界のちょっとした火種となっていた。劇場公開と配信が、同時に行われることが明らかになっていたからである。映画館の集客に影響が出ることが予測されるので、関係ある興行側は様々な対応を見せた。二月中旬時点では、上映、非上映、保留の三つの対応があった。三月五日には、当然上映館が決まっている。どこが上映し、どこが上映しないか。その選択は、映画と配信の今後を考える上から、とても重要と考える。

この問題は、昨年あたりから現実味を帯びてきた。「Fukushima 50」が、上映からほぼ一カ月後に配信された。「劇場」は、劇場と配信が同時に行われた。これらの動きに、興行側は異を唱えた。ウィンドウの慣習が、破られたからだ。ウィンドウとは、劇場公開から配信までの期間を指す。かつては、ビデオ、DVD販売時に関して使われた。配信でいえば(TVOD)、そのウィンドウは、約四カ月が基本だ。それがぐらつき始め、今回の〝「ラーヤ」問題〞がさらに火をつけた。

ディズニー（本社）は、コロナ禍における米国の現状などを踏まえ、新作配信の方向性を強くしている。それは、米メジャー・スタジオ全般に言える。昨年の「ムーラン」と「ソウルフル・ワールド」は、劇場公開はなく、配信のみだった。その延長線上にあるのが「ラーヤ」をめぐる今回の事態だ。現時点の日本の映画業界においては、ディズニーの動きがもっとも直接的な影響を与える。配信インフラが、国内で強く、興行へのダメージが想定されるからだ。興行側の団体である全興連は、日本支社にウィンドウなどをめぐる要望書を送っている。

「ラーヤ問題」以前に、興行側が問題視していたことがある。「ムーラン」などは、劇場で予告篇を大量に流しており、結果的にその宣伝告知が、配信を有利にする方向に進んだことだ。予告篇上映段階では延期が相次ぎ、配信のみとの判断はなかったが、結果的に予告篇は劇場にとっては空打ちに終わった。しかも、配信を利することにつながったことで、興行側の不満は、十分過ぎるほどわかるというものだ。ディズニー本社の判断とはいえ、日本の映画事情を、もう少し考えてくれたらと思う。

ここでは、二つ指摘しておく。同時の場合の宣伝展開と、ディズニー作品を上映しないデメリット部分だ。前者でいえば、それが及ぼす範囲は、配信と劇場公開双方にまたがることを意味する。当然だろう。告知含めた総合的な宣伝展開は、作品の浸透を広げることを目的とする。それを受け取る側は、作品とどこで接しようと自由だ。映画と配信作品の中身の境界線は、どんどん曖昧になっていく。同じことが、マーケティング領域で起こっていく可能性がある。これまでの映画宣伝の意味が、根底から崩れるのである。

後者でいえば、ブランド性が高いディズニー作品を上映していないことが、一般観客にどのように映るか。観る、観ないにかかわらず、観客は妙な勘ぐりをするかもしれない。とはいえ、業界の問題点にまで深く立ち入って考える人は稀であろう。作品の多様性を担保する上から、配信と同時であろうとも、作品上映の重要性がないことはないとも考える。利益面と、ある種のイメージ性の大切さをどう捉えていくか。いつもながら、問題の根は深い。

映画と配信、洋画次なる段階

2021年6月下旬

相変わらず、コロナ禍が続く映画興行だが、六月一日からの映画館再開（東京都、大阪府）で、少しは事態に進展が見えてきた。といって、一度消えた映画の火がすぐにつくのかどうかは、この六月頭の段階ではわからない。都内のある映画館関係者のこんな言葉が気になった。「昨年の映画館再開時には、映画＝映画館への期待がこもった映画ファンたちの熱量を感じたが、今回はそれが薄い。休業慣れしてしまったかのような感じだ」。

すべてが、この調子ではないかと、ふと思った。「何とか慣れ」「何とか疲れ」とは、それまで人々がギリギリ保ってきた緊張感の糸が、緩くなってきたことと関係する。普通感覚への揺り戻しが、内なる世界でうごめき始めたとでも言おうか。人々の緊張感の糸は、永続的に保つことができるわけではない。どこかで綻《ほころ》びが出てくる。映画＝映画館への期待感が稀薄になったとの発言は、そのような人々のマインドの変化ともかかわっている気がする。まさに普通感覚が、本当の普通感覚になる日が待たれる。

ところで、次へと映画の新たな動きが生まれるのが、今の時代である。それは、コロナ禍が加速させているかのようであるが、今回は久しぶりに配信の動向に触れる。五月二七日から公開されたディズニーの実写作品「クルエラ」が、三月の「ラーヤと龍の王国」と同じように、劇場公開と配信が同時期に行われた。「ラーヤ」と違うのは、日にちが同じではないことだ。「クルエラ」は、配信より劇場公開が一日早かった。同時ではないということで、劇場に配慮したのかどうかはわからない。といっても、一日のズレが、興行に何か影響を与えるということはない。

最終興収が三億五千万円ほどで終わった「ラーヤ」より、出足は少し良かったが、やはり物足りない。無理もない。東京、大阪の休業要請にかかわらず、全国的に何社かの大手シネコンは「クルエラ」を上映しない。これは「ラーヤ」と同じだ。配信と同時期では、劇場の収益に大きな影響が出るとの判断である。都内は新宿のシネマカリテなど二館のみで、それも一日二回上映だった。六月一日からは、池袋グランドシネマサンシャインなど一二スクリーンが加わったが、座席数は半分以下の制限がかかっていることを含め、上映回数も多くはない。

ディズニーは、自社にとって何が一番有効な収益構造となるか、様々なシミュレーションをしていると思うが、ここに来てある方向性を示した。「フリー・ガイ」（八月一三日公開）など二本で、劇場公開から配信までのウィンドウを四五日間としたのである。これでも、従来のウィンドウより短いが、同時あるいは同時期とはまるで違う。では、他のディズニーアニメやマーベル作品はといえば、これは明確にしていない。つまりディズニーは、作品によっていろいろなケースを想定していることが、現時点では推測されるのである。

米国では、他のメジャー・スタジオも、四五日間という線を出し始めている。これが定着するのかどうかはさておき、劇場公開と配信をめぐるつばぜり合いは、まだまだ収拾のめどが立っていない。というより、これからさらに混迷の度合いを強めていくのではないか。ディズニー対興行という枠を超えた全体のルール作りを、緊急課題とすべきときが来たように思う。まず、そこからではないか。

★★★★★ 2021年洋画興行収入ベスト10 ★★★★★

順位	作品名	興収（単位：億円）	配給会社
1	ワイルド・スピード／ジェットブレイク	36.7	東宝東和
2	007／ノー・タイム・トゥ・ダイ	27.2	東宝東和
3	ゴジラ vs コング	19.0	東宝
4	モンスターハンター	12.5	東宝／東和ピクチャーズ
5	エターナルズ	12.0	WDS
	シャン・チー／テン・リングスの伝説		WDS
	ブラック・ウィドウ		WDS
	ジャングル・クルーズ		WDS
	トムとジェリー		WB
	DUNE デューン 砂の惑星		WB

コロナ禍の影響は続いているが、2020年との違いは全国の映画館がクローズし、興収がゼロになるような事態には陥らなかった。夏以降ハリウッド大作の公開も戻りはじめたが、映画館への客足は回復していない。期待された大作が10億円に届かない例も続出した。

2022年

令和4年

〝映画情報〟をいかに遮断するか

2022年3月下旬

以前、「〝映画情報〟をどう見ないか」という見出しの文章を、当コラムに書いたのを覚えておられるだろうか。二〇一六年のことだ。「クチコミ満足度」などを含めた映画情報が、いかにあてにならないか。そのことを、ある邦画を通して述べた。今年に入り、少し間を空けて二本の作品を観たことから、その言い方をさらに変えたい誘惑にかられた。「〝映画情報〟をいかに遮断するか」だ。公開前の作品の映画情報、批評、レビュー、インタビューなどを基軸にする本誌で、その言い方は不遜かもしれないが、ある特定の作品、及び私に関したことなので、ちょっと聞いてほしい。

その二作品は、「スパイダーマン：ノー・ウェイ・ホーム」と「コーダ　あいのうた」だ。

ともに、ある要のシーンが衝撃的であった。前者は、米国の多々あるシリーズもの、ヒーロー映画の枠組みを覆し、新機軸とも言えるほどの精緻に練られたシーンである。その突飛過ぎる発想力、実行力の凄まじさに唖然とした。後者は、話の終盤、歌を歌うときの主人公コーダが見せる予想外の動作、それに続く別の場所での彼女の歌のシーンである。全く意表をついた描写の連続性が、観客の未知なる映画体験にも及ぶスリリングな感動を引き起こす。こちらも、これまでの映画の常識的な枠組みをひっくり返す。

映画館に行くたびに、多くの作品の予告篇を観る。私の場合、映画情報は多くがそこからもたらされる。予告篇はプロが作っている。だから、予告編には節度がある。分をわきまえている(作品にもよるが)。ただ、それ以上、なるべく映画情報には触れないようにしている。できるだけ、まっさらな状態で映画を観たい意識が強いからだ。それでも、情報は入ってくる。批評を読むときもある。事前の映画情報をゼロにすることは、まず不可能だ。

さきの二作品に関するかぎり、要のシーンでは何の情報もなしに、まっさらに近い状態で観ることができたのが幸いした。後者は「エール！」のリメイク版だが、その作品は観ていなかった(不勉強ではあるが)。そのような状態で観るのが、多くの人にとっては、なかなか大変なことらしい。ネットやSNSなどで、様々な情報を否が応でも仕入れてしまうのだ。とくに、今回は「スパイダーマン」で、要のシーンを匂わしたりする情報が結構あったと聞いた。つまり、その要のシーンは、直接的ではないかもしれないが、それなりに広く伝わっていたのだ。批評領域では、まず触れられることがないシーンなのに、ネットなどになると事情は変わる。

映画情報は、ネットなどの普及により、大きく様変わりした。今さら言うことでもないが、映画を観る土壌が変わってきたのは間違いない。これはネット情報云々より、それをどのように受けとるのかといった受け手側の問題であるとも言える。ネット、SNS情報は、自然と入ってくる。そこで、「〝映画情報〟をいかに遮断するか」といった言い方をしたくなる。「スパイダーマン」では、要のシーンを知っている場合と知らない場合とでは、作品の印象度は一八〇度変わる。衝撃度が全く違う。情報入手は損をする。

映画の質が、変わってきたことも見逃せない。これまでの常識を覆すいろいろな試みが行われ始めている。私は、それに対応すべく情報とのせめぎ合いをし、何とかまっさらに近い状態を保とうとしている。大変な時代になったものである。

観る状況の違いと映画館鑑賞

２０２２年４月上旬

映画は、どんな状況下で観るかによって、かくも印象が変わってしまうものなのか。ロシアのウクライナ侵攻開始から三日目の二月二六日に「ナイル殺人事件」を観て、そのことを改めて感じた。このタイトルからして、全くふさわしくない冒頭シーンに、のっけから慄然とした。第一次世界大戦ただ中の欧州戦線が、ベルギー側から描かれる。塹壕のなかを走り回る兵士たちの姿は、まるで「１９１７　命をかけた伝令」のようであった。ウクライナの悲惨な事態を想起して、思わず身震いした。

観終わったあと、この冒頭シーンとラストシーンが、映画からぐんぐんせり出して来た。両者に挟まれた映画の大部分が、いわゆる「ナイル殺人事件」の主要な筋である。ミステリー娯楽大作なのだから、当然であろう。にもかかわらず、心に深く突き刺さるのが、さきの二つのシーンであった。両者に、探偵ポワロが戦争で受けた傷痕が、べっとりと貼りついている。ポワロは、なぜ探偵業にのめり込んだのか。その理由の深い部分も含め、ラストには戦争の傷痕を超えようとする希望の光が差す。

侵攻の前日である二月二三日には、「パワー・オブ・ザ・ドッグ」を都内・下高井戸シネマで観た。こちらも、冒頭シーンから、ただならぬ描写の連続である。牧場を営む男と、一緒に働く彼の弟との亀裂が、ひりひりするような会話、ふるまいのなかから描かれていく。牧場で働く男たち、界隈の人たちの憩いの場である店で働く女性と彼女の息子。静かに見えつつ、何かが起こりつつある。不穏な空気が、絶えず画面を覆いつくす。実のところ、話の輪郭を露わにしていく後半部分より、不穏な空気で画面が張り裂けそうになる前半部分の方に、作品の根幹部分があると感じた。

いろいろな絵解きができる作品である。絵解きとは、嫌な言い方だが、作品がそれを強いてくるところがある。観る側が試されるのだ。私は絵解きというより、さきのような映像の連なり、とくにラストの場面から、監督のある〝思想性〟が、全編を貫いているのだと思った。世界の歴史のなかで、その巨大な動力源となったものへの異議申し立て、拒絶である。その表現を強固にする場所として、本作の舞台である一九二〇年代の米国・モンタナ州の牧場が選ばれたと言うべきか。なかで、戦争、権力、神話性などを含めた男性性への拒絶の色が、とても濃い気がした。牧場から見える山脈には、その象徴が眠っている。

興味深い現象にも触れる。本作はネットフリックス提供である。下高井戸シネマには、映画プロデューサーはじめ、何人もの映画人が観に行ったとあとから聞いた。あるプロデューサーは配信で見たが、改めてスクリーンで観ることにしたという。その人曰く、「配信で見るのと全然違う」。この点が重要だ。配信と映画館では、作品の評価というのか、印象が大きく変わってしまうことがある。まさに、本作がそうであろう。

ロシアのウクライナ侵攻は、三月上旬の時点ではとどまるところを知らない状況だ。そのことについて、これ以上触れることはしない。今回、さきの二作品を、ちょうど相前後して観たという事実のみに触れる。前者では、戦争にまつわる描写が頭に居座り続けた。後者では、戦争への拒絶の強さの度合いが、いやが上にも増してきた。映画は、観る状況下によって、全く異なった相貌を見せる。そのことが、とてつもない痛みとして、わが身に迫ってきた。

長い！「THE BATMAN」

2022年4月下旬

上映時間が二時間五六分である。「THE BATMAN―ザ・バットマン―」だ。長い上映時間は最近の風潮だから、驚きはしない。DC映画も、そうなったかぐらいの感覚である。ただ観終わって、二〇〜三〇分ほど短くできるのではないかとは思った。大変な作業をして作品を完成させた製作陣には失礼な話だが、率直な意見だ。短くできると考えたのは、キャットウーマンが登場するシーンで、ここをばっさりなくすと、作品の骨格がかなり引き締まる気がした。「ジョーカー」は、あのボリューム感で二時間二分だった。といって、三時間弱が退屈することはなかったと言っておきたい。昨今の娯楽大作（ここは米映画に限る）は、二時間半を超える場合も多いが、飽きさせることは少ない。本作もそうだ。理由は、監督をはじめとする多くの人が作品にかかわり、周到に製作の手綱を引いているからではないか。企画、脚本作りから製作の過程において、観客を惹きつけていく手引き書のようなものがあるかもしれない。だからといって、米映画で進んでいる長時間映画が、好ましい選択には思えない。

なぜ、キャットウーマンのシーンなのか。彼女が接近すると、バットマンの動きが停滞するからである。ブルース・ウェインは、両親が殺害されたあと復讐を胸に秘めて成長したが、人前からは遠ざかることが多い。深い闇を抱えているからだ。その部分に、彼女がパートナーとしてかかわってくるのならわかる。だが今回、復讐劇、犯罪劇的な話の展開が、あまりに殺伐としていて、ブルース・ウェイン＝バットマンに、彼女と接する余裕が全くないように見えた。戸惑い、動きが鈍るのは、作品全体の輪郭が影響しているのではないかと思ったのである。

ある配給会社の宣伝担当者（女性）から、キャットウーマンがいないと、「（映画が）男性ばかりになってしまう」との声を聞いた。全くそのとおりで、この指摘は極めて重要である。周知のように、キャットウーマンは、これまでもバットマン映画に何回か登場している。恋愛感情を介しながら、敵に対して一緒に立ち向かうのだ。本作でも、バットマンの窮地を救う。重要な役柄に違いなく、それはバットマン映画の定型の一つである。「男性ばかり」だと、確かに不自然な感じはある。それへの配慮もあったかもしれない。ただ、そのような定型も、作品の中身しだいで変えていく必要があるのではないか。

米国の娯楽大作が長時間映画になっている理由はいろいろあるが、その一つに、配信への対応があると私は踏んでいる。配信の「コンテンツ」は、長時間の視聴に耐えられるように作られることも多い。映画作品も配信された場合、視聴者のニーズに合うことが求められている可能性がある。もちろん、監督をはじめとする製作陣が、長時間を必要とすることもあろう。とはいえ、ここ最近の長時間映画の多さは尋常ではない。もっと、気軽に観られないかと思ってしまう。それを感じて、一つの仮説を提出したのである。

そもそも、長時間映画は米国ではどのように捉えられているのか。「THE BATMAN」でいえば、評価的にはキャットウーマン登場はバットマン映画になくてはならず、何の問題もないのかもしれない。興行へのダメージも限定的だろう。だが、この問題はバットマン映画に限らない。長時間映画を、様々な角度から、もっともっと検証すべきと思う。

「トップガン マーヴェリック」の高揚感

2022年7月上旬

人に絶大な高揚感を与える映画は、やはり大ヒットが約束される。改めてそのことに感じ入ったのが、「トップガン マーヴェリック」だ。もちろん、高揚感は簡単には生まれない。そこに様々な要素が詰まり、それらが沸騰点に近い領域に達して大量に放出されたとき、人々の間に計り知れない関心の輪が広がる。前作から三六年ぶりの公開だ。しかも、前作と同じトム・クルーズ主演である。この製作に至る常識はずれの道筋が、高揚感の根っこにある。興収は、何と前作（配収三九億円）を上回る可能性が出てきた。

冒頭、パラマウントのマークが出たあたりから、胸にジーンと迫ってくるものがあった。メイン楽曲の『デンジャー・ゾーン』のイントロが静かに流れてくる。前作と同じ曲だ。

これが重要である。戦闘機が空母から飛び立つ。船上の作業員たちの合図の動作が、前作と似ている（同じとは言わない）。これも重要だ。マーヴェリックは、カワサキのバイクに乗り、戦闘機と並列に走る。もはや、何の説明もいらない。これらを、観客は観たいのである。冒頭近くから、高揚感が体中を満たしてきた。

高揚感の意味、範囲は広い。前作「トップガン」は、マーヴェリックとアイスマンの〝対決〟の構図があった。アイスマンは、今どうしているのか。思い返せば、アイスマンを演じたヴァル・キルマーは当時、人気が高かった。概して、トムは女性たちに、ヴァルは男性たちに人気があったのではないか。野性味溢れるヴァルが、意外に優しい面持ちでトムと接する。これが、実に爽やかで恰好良かったのだ。そのヴァルが、今回はいつ、どのように登場するのか。

海軍のトップにまで登り詰めたヴァル＝アイスマンが姿を現すシーンには、心底体が熱くなった。病気のために声がかすれるので、マーヴェリックとの会話はある機器を通して行う。カメラは、彼を正面からじっくり捉えつくす。トレードマークのオールバックの髪が、前作とは違ってきれいに整えられているのがうれしい。別れ際、アイスマンは言葉を振り絞って、マーヴェリックに語りかける。記述するまでもないシーンだが、書かないことには本作の意味がまるでわからない。画面からは、高揚感のさきにある映画の幸福感が沸々と立ちのぼってくる。

マーヴェリックは、ジェニファー・コネリー扮する以前の恋人とよりを戻す。二人が部屋で一緒に過ごすシーンがある。そこに彼女の娘が帰ってくる。娘に見つからないように、慌てて逃げ出す彼は、娘と鉢合わせする。アイスマンと違って、出世コースからはずれたマーヴェリックのもっとも彼らしいシーンである。年を重ねても、こんなことをやっているトムのちょっと照れた表情が抜群にいい。部下への厳しい指導、命知らずの破天荒な戦闘機の操縦術など、いわゆる〝やんちゃ〟な面は数々あるが、さきのシーンはまた格別の味わいがある。

本作の高揚感は、幾層にも重なり合っていて、それらは映画の並みはずれた連続性から生まれていることがわかる。高揚感はカタルシスに通じるが、戦闘機アクション中心に、その根っこにある「戦争」という事象との兼ね合いがまた、本作のもっとも重要かつ興味があるところだ。その作用は、「戦争」をめぐる虚構と現実、現実と虚構の間を絶えず往還する。今回、その論点をあまり見なかった。高揚感の奥に潜んでいるものは何か。それは、映画とどのような関係があるのか。

「アバター」続編が大番狂わせ

2022年12月（書き下ろし）

意外というより、予想どおりの展開と言った方が近いか。「アバター：ウェイ・オブ・ウォーター」が苦戦している。二〇二三年正月興行の大番狂わせである。スタートは、三日間で興収約六億五千万円だった。普通の作品なら大ヒットだが、本作の場合はそうはならない。前作「アバター」が一五六億円を記録している（二〇一〇年）。その実績を踏まえた続編であるなら、生半可な大ヒットではおぼつかない。

思い出すことがある。もともと「アバター」は、スタートから興行が爆発していたわけではない。公開前の時点で興行面への不安感は大きく、それをかかえたままのスタートだった。〝アバター〟たちのビジュアルが、どのように受け入れられるか。判断が難しかったのが理由である。それが、公開が進むにつれ、ぐんぐん数字を伸ばしていった。３Ｄ映画の威力だ。「アバター」は、前年から増えてきた3Ｄ映画の決定版である。そこへの関心度が日を追うごとに増していき、興行に馬力がかかった。

今回は事情が違う。いわば、手の内が見えている。３Ｄがどこまで進化していようと、３Ｄ映像には変わりない。前作がもっていた3Ｄ映像そのものへの驚き､興奮はある意味、想定内だったろう。公開前から、何人かのシネコン関係者から、そのような意見を聞いている。想定内を突き崩すものは何か。それには、３Ｄ映像に込められた話の展開の斬新さや感動的な要素が欠かせないのではないか。観る前に、そのようなことを思っていた。

「アバター」続編は、あえて2Ｄバージョンで観た。ひねくれているのではない。入場料金をけちったのでもない。作品の輪郭が､より鮮明に感じられるとの判断である。確かに、大いなる見せ場になるだろう色彩鮮やかな海底シーンは見事であった。引き込まれそうなシーンも数知れない。３Ｄバージョンなら、その没入感は何倍にも増したことだろう。ただ観客としては、映像面への傾斜が激しい分、話の展開に対しては少々無防備になる局面もあろう。２Ｄバージョンだと、映像と話の展開がバランス良く、わが心持ちに入ってくる。それらをまさに想定しての選択であった。

そこから、こんなことも思った。上映時間は三時間一二分だが、三〇分ぐらいは削れたのではないか。海底のシーンはじめ、３Ｄ効果を狙い過ぎて、描写が一本調子になる部分が多い。３Ｄ映像を見せ込もうとするあまり、そこに時間をかけ過ぎているので、三時間を超えてしまう。だから、話の展開が停滞する。当然である。余分にも見える部分を抑えて、全体の軸足をより奥深い話の構築の方に絞り込む選択はなかったか。映画全体を客観的に観ることで得た結論である。

もちろん、３Ｄバージョンを観に行った観客は多い。一人あたりの入場料金、いわゆる単価は一八〇〇円を超える。前作の神通力の強さだ。ただ、そのあたりを押さえながらも、物足りないスタートになった理由は何なのか。それは、映画の本質、根幹にもかかわってこよう。映画の技術力を高度化させ、新たな映画体験を実現しようが、それだけではこぼれ落ちるものがある。映画が、まさに総合芸術、言葉をより近くすれば、様々に色分けされた娯楽的真髄の集合体であるからだろう。今回、そのあたりの微妙な違和感を感じとった人たちが多かったように思われる。

ちなみに、米国はじめ世界各国と比べてみて、日本の興行はとくに芳しくないという。日本の映画市場の特殊性とも言えるが、それは日本の観客が映画に対して、とてもセンシティブな感受性をもっていることとも関係しているのではないか。そのような気がしている。

★★★★★ 2022年洋画興行収入ベスト10 ★★★★★

順位	作品名	興収（単位：億円）	配給会社
1	トップガン マーヴェリック	135.5	東和ピクチャーズ
2	ジュラシック・ワールド／新たなる支配者	63.2	東宝東和
3	ファンタスティック・ビーストとダンブルドアの秘密	46.0	WB
4	ミニオンズ フィーバー	44.4	東宝東和
5	スパイダーマン：ノー・ウェイ・ホーム	42.5	SPE
6	ＳＩＮＧ／シング：ネクストステージ	33.1	東宝東和
7	ドクター・ストレンジ／マルチバース・オブ・マッドネス	21.6	WDS
8	ヴェノム：レット・ゼア・ビー・カーネイジ	19.1	SPE
9	マトリックス レザレクションズ	14.0	WB
10	ソー：ラブ＆サンダー	13.5	WDS
10	ブレット・トレイン	13.5	SPE

（2022年12月時点での暫定ランキング）

シリーズもの、続編のオンパレードである。決して、いいことではない。認知度が高い作品だから、それなりに安心して見に行かれる。期待は、外されないだろう。大雑把に言うと、そんなところか。ただ、重要なことがある。「トップガン マーヴェリック」の突出した成績を除けば、多くが前作の興収を下回っていることだ。新しい客層が増えているわけではない。シリーズもの、続編の数が減るとなれば、洋画興行はさらに厳しくなるだろう。《大高》

ターミナル…… 84
ダイ・ハード ラスト・デイ …… 146
ダウン…… 54
タクシードライバー…… 79, 201, 205
ダ・ヴィンチ・コード…… 87
タンタンの冒険 / ユニコーン号の秘密 · 132
チャートフ，ロバート…… 171
ツーリスト…… 128
デアデビル…… 61
ディー，ルビー …… 106
ディカプリオ，レオナルド … 79, 138, 153
ディック・マーズ…… 56
ディパーテッド…… 98, 104
トップガン…… 31, 43
トップガン マーヴェリック …… 233
ドリームガールズ…… 100

ナ➤

中原昌也…… 48
ノーカントリー…… 107

ハ➤

パール・ハーバー…… 42, 46
パイレーツ・オブ・カリビアン / 最後の海賊 ·· 181
パイレーツ・オブ・カリビアン / デッドマンズ・チェスト …… 90
白鯨との闘い…… 171
バットマン…… 200
ハムナプトラ 2 / 黄金のピラミッド…… 36
バベル…… 98
ハリー・ポッターと秘密の部屋 …… 63
パワー・オブ・ザ・ドッグ …… 228
ハワード，ロン…… 89
ハンクス，トム…… 88, 141
フェンス…… 178
復讐捜査線…… 129
Fukushima 50 …… 216
ブラッカイマー，ジェリー…… 43
ブラック・スワン…… 128
ブラックパンサー…… 195
フリー・ガイ …… 221
ブリッジ・オブ・スパイ…… 171
ベイビー・ドライバー …… 182
ベーコン，ケビン…… 74
ペン，ショーン…… 61, 73
ボヘミアン・ラプソディ…… 194
ボウリング・フォー・コロンバイン…… 61
ボルト…… 112

マ➤

マイケル・ジャクソン THIS IS IT … 115
マクドーマンド，フランシス…… 186
マグノリア…… 31
マッドマックス 怒りのデス・ロード … 164
松田政男…… 47
マトリックス レボリューションズ ·· 66
マトリックス…… 66
マトリックス リローデッド …… 66
水口章…… 47
水越伸…… 45
ミスティック・リバー…… 72, 140
三船敏郎…… 108
ミュンヘン…… 84
モンスター vs エイリアン …… 112
モンスターズ・ユニバーシティ…… 159
もののけ姫…… 20, 158

ヤ➤

山根貞男…… 48

ラ➤

ラーヤと龍の王国…… 216
ランボー ラスト・ブラッド …… 208
リー，スパイク…… 60
リトル・ミス・サンシャイン…… 99
レイ・リオッタ…… 153
レイジング・ブル…… 205
レイダース 失われた聖櫃（アーク）…… 37
レディ・イン・ザ・ウォーター …… 93
レヴェナント 蘇えりし者 …… 171
ROMA/ ローマ…… 194, 203
ロスト・ワールド ジュラシック・パーク 2 … 20
ロックウェル，サム…… 186
ロバーツ，ジュリア…… 142

ワ➤

ワシントン，デンゼル…… 105, 178
ワンダーウーマン…… 182

索引

ア

アーキン，アラン……99
アイアンマン……197
アイリッシュマン……203
悪魔の密室……56
明日に向って撃て！……50
アナと雪の女王……158
アバター……120
アバター：ウェイ・オブ・ウォーター……236
アビエイター……79
アフレック，ベン……61
阿部和重……48
アメイジング・スパイダーマン2……155
アメリカン・ギャングスター……105
アリス・イン・ワンダーランド……120
アルマゲドン……43
イージー・ライダー……50
イーストウッド，クリント……72, 138
E.T.……40
硫黄島からの手紙……98
1917 命をかけた伝令……227
インディ・ジョーンズ / クリスタル・スカルの王国……147
ウィンクラー，アーウィン……172
ウー，ジョン……31
宇田川幸洋……165
宇宙戦争……84
ウルフ・オブ・ウォールストリート……152
A.I.……39, 46
英国王のスピーチ……128
X-メン……38
M:i-2……30, 38
エンド・オブ・デイズ……38
エンドゲーム……197
大いなる陰謀……104
オーシャンズ8……189
オースリン，マイケル……26
大野博人……45
オデッセイ……171
俺たちに明日はない……50

カ

カールじいさんの空飛ぶ家……120
怪盗グルーのミニオン大脱走……181
ギブソン，メル……129
キャッチ・ミー・イフ・ユー・キャン……85
ギャング・オブ・ニューヨーク……61, 79
キル・ビル……68
グッドフェローズ……152
クラッシュ……104
クリード チャンプを継ぐ男……171
グリーンブック……194
クルーズ，トム……30, 86
クルーニー，ジョージ……60
クルエラ……220
クロウ，ラッセル……105
黒澤明……108
コーダ あいのうた……224

サ

坂本龍一……47
THE BATMAN……230
猿の惑星……46
幸せの教室……141
J・エドガー……138
ジェイソン・ボーン……174
シカゴ7裁判……211
シックス・センス……94
島田雅彦……45
シャマラン，M・ナイト……94
ジョーカー……200
ジョー・ペシ……152
スーパーマン……200
スコセッシ，マーティン……60, 79, 152
スター・ウォーズ / フォースの覚醒……170
ストレイト・アウタ・コンプトン……170
スパイダーマン：スパイダーバース……195
スパイダーマン：ノー・ウェイ・ホーム……224
スパイダーマン：ホームカミング……182
スピルバーグ，スティーヴン……20, 84, 132
スリー・ビルボード……186
センター・オブ・ジ・アース……113, 121

タ

ダークナイトライジング……147, 200

あとがき

連載では、トム・クルーズで始まり、トム・クルーズで締めくくった。こんなことがありえるとは、偶然とはいえ、全く意外であった。眠っていたスターの輝きが、アメリカ映画からニョキっと顔を持ち上げたと言えようか。

「トップガン マーヴェリック」の興収は、何と一三四億三千万円(二〇二二年一一月中旬時点)である。凄まじい。この数字を実現した巨大な観客訴求力が、アメリカ映画の圧倒的な光線、すなわち希望として立ち現れた。

実は、本著の前段にあたるアメリカ映画の記述がある。キネマ旬報で連載していた「映画戦線異状なし」(一九九五年~一九九九年)で、似たようなコンセプトのもと、アメリカ映画について書いている。

「ファイト・シネクラブ」と違って、比較的長い文章なので、全体のバランスが悪くなることもあり、今回掲載はしなかった。だが、この九〇年代半ばから後半にかけて取り上げた作品が、なかなかに凄い。「フォレスト・ガンプ　一期一会」「マジソン郡の橋」「セブン」「インデペンデンス・デイ」「ロスト・ワールド／ジュラシック・パーク」「スター・ウォーズ　エピソード1／ファントム・メナス」「タイタニック」「ディープ・インパクト」「アルマゲドン」「アイズ・ワイズ・シャット」（公開順）といった作品だ。

ビッグタイトルが並ぶ。その華やかな趣（興収のことではなく）は、二〇〇〇年代、二〇一〇年代、二〇二〇年代の比ではない。それらの作品の文章を入れ込めば、アメリカ映画の変化の度合いが、より一層鮮明になっただろうが、今回はタイトルだけを挙げるにとどめる。変化は、それだけでも十分に想像できると思う。

このダイナミックなタイトル群が、「トップガン マーヴェリック」につながっているとみる。スターが君臨し、映像の革新性が花を添える。アメリカ映画の往年の娯楽大作の継承である。

だが、継承の形は、例外的にも感じる。今は、スターの名で興行が成立しない時代だ。映像の革新性も、煮詰まり感がある。それでも、あの手この手を駆使した娯楽大作が溢れ返る。それらは、配信と相互補完し合い、連動もするようになってきた。

大勢では、アメリカ映画の娯楽作の中心軸は、その流れに見合うように変わってしまったと言える。その大激変期に、突如現れたのが「トップガン マーヴェリック」だというわけである。

アメリカ映画には、今もドキドキし、驚かされることが結構ある。以前と比べてどうかと言えば、頻度は減ったかもしれないが、ドキドキ、驚きは確実にある。突拍子もない作品に出会うと、まだまだやるなと嬉しくなる。その逆に、この程度かという作品に出会うとがっかりする。どちらに比重は傾くのか。映画を観てみないとわからない。当たり前のことだ。

ドキドキも失望も、映画館で観るから、その実感がやけにリアルになる。観客の動向、つまり興行の最前線のなかだと、見えないものも見えてくる。映画館に詰め掛ける理由と、そこに行かない理由が、映画館のなかに身を潜めると、一段と鮮明になるのだ。前者の場合なら、映画館で観る計り知れない価値の所在が浮かび上がる。後者の場合なら、作品に問題があるのか。作品を取り巻く環境に問題があるのかに思いを馳せる。本著は、そのようなことの積み重ねから生まれた。今もそのことを続けている。「ファイト・シネクラブ」は、「キネマ旬報」の編集者である前野裕一氏の手を、毎回煩わせている。前野氏との共同作業によって、成立している連載とも言っていい。ありがたいことだ。

「現代用語の基礎知識」の編集長などを経て、出版社を立ち上げたシミズヒトシ氏に、出版、編集の労をとっていただいた。まことに光栄なことで、シミズさんには、ただただ感謝である。私にとって、突発的、かつ予期せぬ出会いだった。本著を読んでいただいた方々にも、この場を借りて感謝の言葉を述べたいと思う。本著とのさらに予期せぬ出会いが広がらんことを願う。「予期せぬ出会い」。私の好きな言葉です。

大高宏雄

イラストレーション 小池アミイゴ　装丁 yamasin(g)

アメリカ映画に明日はあるか

二〇二三年二月一五日　第一刷発行

著者　大《おお》高《たか》宏《ひろ》雄《お》

編集発行人　シミズヒトシ

発行　株式会社ハモニカブックス

〒169-0075
東京都新宿区高田馬場二―一一―三
電　話　〇三―六二七三―八三九九
ＦＡＸ　〇三―五二九一―七七六〇
mail: hamonicahamonica@gmail.com

印刷製本　モリモト印刷株式会社

組版　株式会社アイエムプランニング

アメリカ映画に明日はあるか